云南财经大学前沿研究丛书

供应链协同优化管理

Supply Chain Collaborative
Optimization Management

刘 玲　刘 森／著

社会科学文献出版社
SOCIAL SCIENCES ACADEMIC PRESS (CHINA)

本书是国家自然科学基金地区科学基金项目"基于时间成本优化的面向订单制造企业生产与运输协同调度问题模型与算法研究"（项目批准号：71862034）、国家自然科学基金地区科学基金项目"云计算技术影响供应链敏捷性的作用机理研究：基于IT治理机制的视角"（项目批准号：71862035）和国家自然科学基金青年科学基金项目"云计算技术的价值创造机理研究：基于供应链结构的视角（项目批准号：71502159）"的阶段性研究成果。

前　言

供应链是以客户需求为导向,以提高质量和效率为目标,以整合资源为手段,实现产品设计、采购、生产、销售、服务等全过程高效协同的组织形态。供应链在促进降本增效、供需匹配和产业升级中的作用显著增强,成为供给侧结构性改革的重要支撑。为加快供应链创新与应用,促进产业组织方式、商业模式和政府治理方式创新,推进供给侧结构性改革,国务院办公厅于2017年10月13日正式下发《国务院办公厅关于积极推进供应链创新与应用的指导意见》(国办发〔2017〕84号)。提出以供应链与互联网、物联网深度融合为路径,以信息化、标准化、信用体系建设和人才培养为支撑,创新发展供应链新理念、新技术、新模式,高效整合各类资源和要素,提升产业集成和协同水平,打造大数据支撑、网络化共享、智能化协作的智慧供应链体系,推进供给侧结构性改革,提升我国经济全球竞争力。

随着全球经济一体化的不断发展,供应链之间的竞争越来越激烈,供应链上合作企业之间的协同关系已渐渐成为供应链管理成败的关键因素。生产与运输作为制造业供应链中两个重要环节,受到了国内外众多企业及学术界的关注。生产与运输环节的协同调度可以有效提高企业的客户响应能力,从而增强供应链的整体竞争力。本书基于供应链协同的角度,从运作层面出发,研究了在面向订单制造的企业中单机器生产与车辆路径协同调度问题，主要研究成果包括以下几个方面：建立了给定订单生产完成时间的车辆路径问题的数学模型，目标为最小化所有路径完成时间之和，其包括车辆在仓库的等待时间与车辆的运输时间之和。在企业实际中，订单需先生产再运输，车辆必须在仓库等待其运载的所有订单生产完毕才能出发，该问题可以被称为具有订单可得时间的车辆路径问题；建立了未给定订单生产完成时间的生产与运输协同调度问题的数学模型，目标为最小化完工时间。在该问题中，生产阶段需要对订单排序，运输阶段需要对路径排序，希冀通过生产与运输环节的有效协同提高企业的运行效率及客户服务水平；建立了未给定订单生产完成时间的生产与运输协同调度问题的数学模型，目标为最小化所有订单的交付时间之和。与前面两个问题相比，该问题通过生产与运输环节的有效协同更进一步地关注了客户服务水平的优化，目的是最小化所有客户接收订单的时间之和，而不仅仅是优化通常的路径时间。

本书广泛参考了国内外相关论文和著作，在吸收它们的理论、思想、方法和实践经验的同时，也结合了作者的创新研究，对供应链管理研究领域的研究人员有一定的参考价值，在此对国内外同行表示衷心感谢，感谢华中科技大学刘志学教授、李昆鹏教授对本书内容的指导。此外，由于作者水平有限，书中难免有不足之处，恳请广大读者批评指正。

刘玲　刘森

云南财经大学

目 录

第 1 章 绪论 ··· 1

1.1 研究背景 ··· 1
1.2 研究问题 ··· 3
1.3 研究意义 ··· 5
1.4 研究方法 ··· 7
1.5 研究内容 ··· 8

第 2 章 理论基础 ··· 10

2.1 引言 ··· 10
2.2 生产调度问题 ··· 10
2.3 车辆路径问题 ··· 14
2.4 生产与运输协同调度问题 ·· 24

第 3 章 研究综述 ··· 26

3.1 引言 ··· 26

3.2 生产调度问题综述 …………………………………………… 28

3.3 车辆路径问题综述 …………………………………………… 31

3.4 直达运输模式下生产与车辆运输协同调度问题 …………… 37

3.5 运输路径优化模式下生产与车辆运输协同调度问题 ……… 45

3.6 生产与车辆运输协同调度问题求解算法研究 ……………… 50

3.7 本章小结 ……………………………………………………… 56

第4章 给定订单生产完成时间的车辆路径问题 ……………… 57

4.1 引言 …………………………………………………………… 57

4.2 问题描述与数学模型 ………………………………………… 59

4.3 禁忌搜索算法设计 …………………………………………… 61

4.4 两种下界计算方法 …………………………………………… 73

4.5 实验结果分析 ………………………………………………… 80

4.6 本章小结 ……………………………………………………… 90

第5章 最小化最晚订单交付时间的生产与运输协同调度问题 …… 92

5.1 引言 …………………………………………………………… 92

5.2 问题描述与数学模型 ………………………………………… 94

5.3 最优解性质与订单分批算法 ………………………………… 97

5.4 两种启发式算法 ……………………………………………… 104

5.5 实验结果分析 ………………………………………………… 111

5.6 本章小结 ……………………………………………………… 123

第 6 章 最小化所有订单交付时间之和的生产与运输协同调度问题 …… 125

6.1 引言 …… 125
6.2 问题描述与数学模型 …… 127
6.3 变邻域搜索算法 …… 129
6.4 一种分解算法求下界 …… 141
6.5 实验结果分析 …… 146
6.6 本章小结 …… 155

第 7 章 总结与展望 …… 157

7.1 全文总结 …… 157
7.2 研究展望 …… 159

参考文献 …… 162

附　录 …… 198

第1章 绪论

1.1 研究背景

随着市场需求不确定性的增大,企业的成功越来越取决于其对客户订单的响应能力,时间已经成为影响竞争优势的一种新的重要资源(Stalk,1990)。与此同时,企业的成功与否不再局限于单个企业,企业与企业之间的竞争已经上升为供应链与供应链之间的竞争,供应链内部各个环节之间的协同关系也逐渐成为供应链管理成败的关键因素(Hammond,1992)。随着企业与业务外包伙伴间的合作越来越广泛,供应链管理战略也经受着巨大的变革。企业已认识到供应链管理已不仅仅是为了降低成本,更重要的是提高顾客满意度。实现这一目标的关键是供应链的协同,协同运作可以提高供应链的整体竞争力并增强其对客户需求的响应速度(Anderson and Lee,1999)。日益激烈的全球化竞争迫使许多制造企业甚至其所在的整条供应链寻求合作,以缩短最短响应时间来增加竞争优势(Thomas and Griffin,1996)。

生产与运输是制造业供应链中两个重要环节,这些环节往往被供应链环境下单个企业或者部门所执行,传统的产品生产完成后先存储到仓库再调拨到各地。随着市场竞争日益激烈，为提高客户响应速度，许多企业开始要求成品库存保持在一个较低水平或为零，这就导致生产与运输环节需要更好的协同调度（Chen and Vairaktarakis，2005）。越来越多的制造企业开始实施按订单生产策略（Make-to-Order，MTO），即产品生产完以后直接发送给客户，以缩短产品从生产到送达客户的时间，从而快速响应客户需求。例如，戴尔公司、海尔集团等都采取了 MTO 生产方式，其在接收到订单需求后才开始生产，生产完成的产品立即或短时间内组成批次直接发送给客户，不必维持成品库存，从而缩短了交货周期，及时满足了客户的需求（蒋大奎，2012）。MTO 企业中生产与运输环节之间联系紧密几乎没有库存，生产和运输环节需要更好的协同调度（Manoj et al.，2008）。企业在订单生产阶段不仅要考虑订单的加工顺序，还需同时考虑运输计划，即不仅要考虑每个订单何时生产，而且要考虑哪些订单生产完毕后由哪辆车运输到相应的客户及其运输路径的安排等。生产与运输协同调度的目的通常在于在有限的资源约束下，尽量以最小的物流成本实现较好的客户服务水平。

二十多年前，生产与运输协同调度的研究大多处于理论探讨阶段。Erengüç et al.（1999）综述了供应链系统中的生产与配送协同计划，从供应、生产和配送三个不同阶段详细阐述了每个阶段需要做出的决策，并给出了相应的模型。Sarmiento 和 Nagi（1999）综述了协同的生产与配送系统，从整体上分析了生产、库存与配送的相互影响关系，重点讨论了物流在该协同系统中的运作方式以及公司实施协同系统后的优势，最后探讨了未来生产与配送协同问题的研究方向。Goetschalckx et al.（1999）总结了全球供应链网络物流系统中生产与配送协同考虑的战略和战术模型以及相关的算法设计。Bilgen 和 Ozkarahan（2004）从战略、战术与运作三个层次对已有的生产配送问题的相关文献进行综述。近年来，越来越多的文献从运作层面考虑生产与运输的协同调度问题。Hall 和 Potts（2003）从供应链管理调度的角度研究了包含一个供应商、多个零售商及一系列终端客户的单机生产与多车辆运输的协同调度问题。唐国春（2006）在中国运筹学第八届学术交流会上做了一篇题为"供应链排序的模型和方法"的报告，指出供应链排序是集成研究供应链管理中生产（或者服务）的排序、分批和运送，是排序论在供应链管理中的应用。生产和运输作为供应链管理系统的重要组成部分，二者的协同运作将为供应链的整体绩效带来重大的改善。

1.2 研究问题

本书主要从运作层面研究了企业单机器生产排序与多车辆运输路径排序协同调度问题，以一系列基于订单交付时间的函数为优化目标，从多个方面优化企业客户服务水平及提高整个供应链的响应速度。在实际中，为了快速响应市场需求与提高客户服务水平，越来越多的行业开始关注生产与运输的协同调度。如服装业、电脑、手机、报纸、电商、生鲜、医疗药品以及突发事故灾难后的物资生产与运输等，均以客户响应时间为第一关注要素。以服装业的 ZARA 公司为例，其成功建立在一个重要理念之上，即速度与响应能力比成本更重要。对 ZARA 来说，快速的供应链反应系统就是它的核心竞争优势所在。其工厂与物流/配送中心直接相连，并采取第三方物流服务模式，利用小批量多批次的供货方式，每周两次向各地专卖店进行新品配送。再如，戴尔电脑以其直销系统闻名于世，按订单生产为导向，快速组织生产与发货，力争以最快的速度响应客户需求。

单机器生产与多车辆路径协同调度问题如图 1-1 所示，在生产阶段，一台机器以恒定的生产率连续生产来自多个客户的订单，每个订单有加工时间与数量的要求；在运输阶段，一系列有限数目的车辆从工厂出发，将生产完毕的产品运输给相应的各个客户，每个客户只能访问一次，每个订单不能分开运输，每辆车装载的产品数量不能超出其车辆容积。该问题包含了两个经典的排序问题：生产调度问题与车辆运输路径问题。车辆运输路径已是公认的 NP 难题（NP-hard，NP 指非确定性多项式，Non-deterministic Polynomical），显然二者的结合问题更为 NP 难题，一般的线性规划软件难以求解。因此，求得这种问题的调度方案对于企业实际运营显得尤为重要，必须同时解决三个关键问题：各订单何时生产、各车辆负

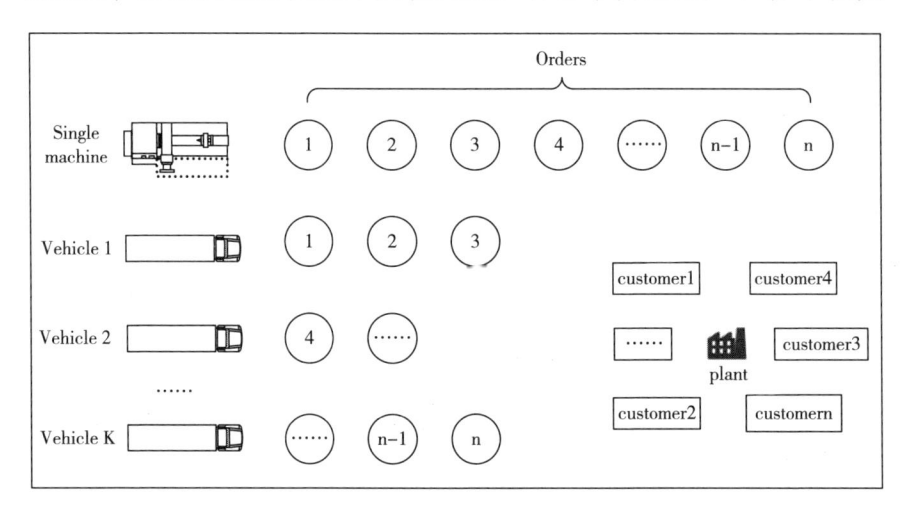

图 1-1 单机器生产与多车辆运输协同调度

责哪些订单的运输、车辆路线如何安排。本书拟通过构建混合整数模型，以一系列基于时间成本的函数为优化目标，设计有效的启发式算法来求解订单的生产顺序、车辆的订单装载及车辆的运输路径，从多方面衡量与优化企业的客户服务水平并提高整个供应链的运行效率，从而为企业实际运营提供理论支持和指导。

1.3 研究意义

1.3.1 理论意义

生产和运输是制造性生产企业的两个关键环节，国内外学者对生产环节和运输环节中的优化问题，如车间调度问题（陈荣秋、马士华，1999）、车辆路径问题（Toth and Vigo，2001）等进行了大量研究，并取得显著成果。然而，长期以来生产和运输分别由企业的不同部门独立运作，由于生产和运输环节存在着不同的资源约束与不同的目标，使得各部门在独立制订各种计划时只追求自身利益最大化，而忽视整体利益。因此，如何有效协调生产和运输环节，使企业的整体利益最大化，成为企业提升竞争力中面临的一个难题，也成为理论界研究的热点问题。Chen（2010）综述了生产和运输协同调度的相关工作，根据订单的交付方式对现有模型分类，并指出已有的大多数文献通常简化了车辆运输路径，往往假设采取多辆车直运或者供应链系统中只有一个客户。事实上，车辆运输路径远远比上述情况复杂，在一个协同模型中同时考虑生产与运输两个阶段的决策非常困难。而且，如果生产和运输决策是由不同的公司或者部门来制定，协同将更加困难。近几年，很多学者也逐渐开始重视这个领域的研究，不断挑战新问题，并通过研究得出了一些好的解决方法和应用范例（Boudia and Prins，2009；Bard and Nananukul，2010；Armentano et al.，2011；Adulyasak et al.，2012；Ullrich，2013；Jha and Shanker，2013）。另外，Chen（2005，2010）指出基于时间的目标函数是现有的生产和运输协同调度文献的一个重要研究方面。本书试图研究在分别给定订单生产完成时间与未给定订单生产完成时间下的单机生产与多车辆运输协同调度问题，根据不同的时间目标函数与约束建立相应的数学模型，并提出各种启发式算法来解决不同的问题。预期研究成果在能解决本研究问题的同时，也会对生产与运输协同调度领域的现有理论进行有益扩展，为相近的其他问题的研究提供借鉴。

1.3.2 现实意义

电子消费品行业（Li et al.，2005；Li et al.，2006；Stecke and Zhao，2007）、报纸行业（Van Buer et al.，1999）、混凝土（Garcia and Lozano，2004）和保鲜食品行业（Chen and Vairaktarakis，2005；Amorim et al.，2012）等，大多采取 MTO 生产模式，生产是配送的前一级，无中间库存。如果订单的生产在配送开始之前完成，将会导致订单在临时库存中等待，进而产生相应的存储成本，且消耗产品的寿命。如果订单生产延期，将会导致配送的延迟，进而产生延迟配送的附加成本及客户的不满。通过作业车间生产和运输合理的协调调度可以降低企业物流成本，并提高客户满意度。因此，对生产和车辆路径协同调度问题来说，可根据当前企业的生产能力、运输能力及作业车间中正在加工的订单数目来确定作业车间中订单生产的排序，从而保证生产完毕的订单可以尽快送达到客户，使生产和运输紧凑衔接。通过运作层面上对订单的生产和运输进行集成调度，对企业现实问题构建量化模型，提出可行算法，优化生产和运输协同过程中产生的多个目标，有效降低企业的供应链运营成本、提高客户服务水平，从而带来可观的经济效益和发展空间。

1.4 研究方法

本书主要研究在按订单生产的制造企业中，考虑单机器生产与有容积限制的车辆运输协同调度问题。根据企业实际要求，提出优化的生产方案和运输方案，其包括订单生产顺序、订单装载批次与车辆运输路径安排等决策。从企业实际生产与运输活动特征入手，分别考虑了给定订单生产顺序情况下的生产与运输协同调度的问题与未给定订单生产顺序情况下的生产与运输协同调度的问题，建立了对应的数学模型，并提出了多种基于时间优化的目标函数。给定订单生产顺序情况下的生产与运输协同调度的问题，因不需决策订单生产顺序，故重点决策车辆路径，并以最小化所有路径完成时间之和为目标。未给定订单生产顺序情况下的生产与运输协同调度的问题，分别以最小化最晚订单交付时间（完工时间）与最小化所有订单交付时间之和为目标，从不同的角度来优化客户服务水平。然后，根据各个问题目标函数的不同，在总结国内外生产与车辆路径协同调度问题及其启发算法和精确算法相关文献的基础上，结合图论、数学分析等方法，分别设计相应的启发式算法求解。研究技术路线如图1-2所示。

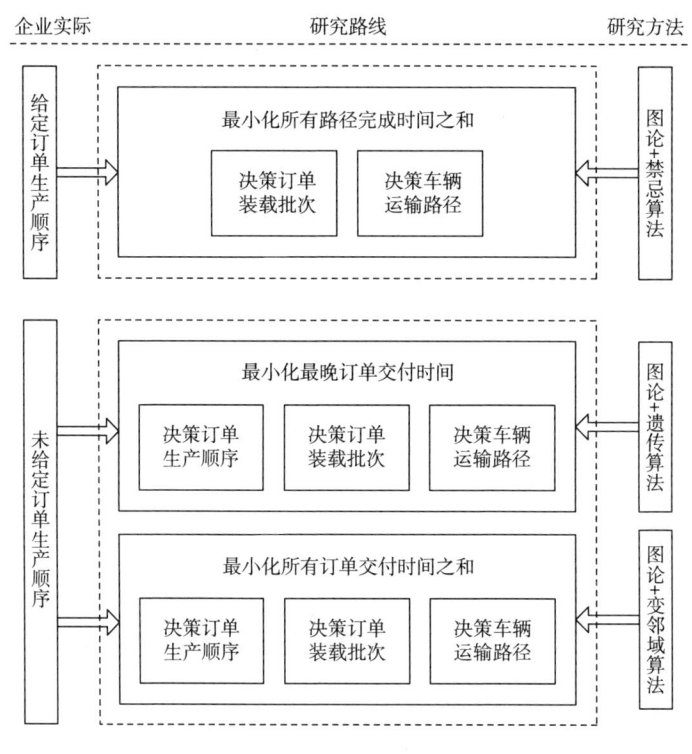

图1-2 研究技术路线

1.5 研究内容

全书共分为七章，其结构和主要内容简述如下：

第一章，绪论。阐述论文选题背景、研究目的和意义，提出论文研究方法和技术路线。

第二章，理论基础。大概介绍本书研究内容涉及的相关理论知识。

第三章，研究综述。系统总结和归纳与本书内容相关的国内外相关研究成果，包括直达运输模式下的生产与车辆运输协同调度、运输路径优化模式下的生产与车辆运输协同调度的研究。

第四章，给定订单生产完成时间的车辆路径问题。考虑了在订单生产顺序给定的情况下，以订单分批与车辆路径为决策变量，以车辆容积和车辆数目作为约束条件建立数学模型，以最小化所有路径完成时间之和为目标。设计改进的禁忌算法，并将可行方案与拉格朗日松弛算法获得的下界及基于基础数据最优解得到的下界进行比较。

第五章，最小化最晚订单交付时间的生产与运输协同调度问题。考虑了在订单生产顺序未给定的情况下，以订单生产顺序、订单分批与车辆路径为决策变量，以车辆容积和车辆数目作为约束条件，建立数学模型，以最小化所有订单交付时间之和为目标。根据问题的特征提出最优解的性质，基于该性质设计改进的遗传算法，并将可行方案与CPLEX及相关文献中的启发式算法得到的解进行比较。

第六章，最小化所有订单交付时间之和的生产与运输协同调度问题。考虑了在订单生产顺序未给定的情况下，以订单生产顺序、订单分批与车辆路径为决策变量，以车辆容积和车辆数目作为约束条件，建立数学模型，以最小化所有订单交付时间之和目标。根据问题的特征设计了八种邻域结构，基于此提出了改进的变邻域算法，并提出了一种分解算法计算该问题的下界。最后将可行方案与下界值、CPLEX及相关文献中的启发式算法得到的解进行比较。

第七章，总结与展望。对本书研究内容进行总结，并指出将来可进一步研究的主要方向。

第 2 章　理论基础

2.1　引言

本书研究了单机器生产与有容积限制的车辆运输协同调度问题，根据企业实际要求，提出优化的生产方案和运输方案，其包括订单生产顺序、订单装载批次与车辆运输路径安排等决策。涉及的理论知识包括生产调度问题、车辆路径问题，以及用于解决二者的智能优化算法和精确算法等方法。

2.2　生产调度问题

生产调度问题是指在一定的时间内，进行可用共享资源的分配和生产任务的排序，以满足某些指定的性能指标，是非常复杂的问题，通常是多约束、多目标、随机不确定优化问题。求解过程的计算随问题规模呈指数增长，已被证明是 NP 完全问题（Non-polynomial Complete Problems）（叶秉如，2001）。

生产调度问题一般可以描述为：针对某项可以分解的工作，在一定的约束条件下，如何安排其组成部分所占用的资源、加工时间及先后顺序，以获得产品制造时间或者成本等最优。生产调度的任务是在满足装置设备和工艺要求的条件下，根据市场的需求，合理地安排与组织生产，以提高生产过程的最优性，达到降低成本，提高企业利润的目的。影响生产调度的因素有：产品的投产期、生产能力、交货期、加工设备和原料的可得性、加工顺序、加工路径、批量大小、成本限制等，这些都是所谓的约束条件。有些约束条件是必须满足的，比如交货期、生产能力等；有些只要达到一定的满意度即可，比如生产成本及利润等；有些约束在进行调度是可以看作确定性因素加以考虑，而有些因素在进行调度时是事先无法预知的，可以作为不确定因素考虑，比如，设备故障、原料供应、生产任务变化及能源的供应等（王万良、吴启迪，2007）。

根据设备环境可将生产调度问题分为两大类：面向机械加工的离散操作车间调度问题、面向流程工业的间隙生产调度（也称为批处理调度）问题（徐建有，2015）。本章主要研究车间调度问题，按照加工设备环境，即工件在加工设备上的流动方式，可以将车间调度问题分为以下几类：单机调度问题（Single Machine Scheduling Problem）、并行机调度问题（Parallel Machine Scheduling Problem）、流水车间调度问题（Flow Shop Scheduling Problem）、异顺序车间调度问题（Job Shop Scheduling Problem）。

车间调度模型通常采取三元素法"$\alpha\mid\beta\mid\gamma$"来表示（Graham et al.，1979）。

其中，α 表示机器配置环境特征：1 表示单机器生产；P 表示平行机器生产；F 表示流水线作业；J 表示异顺序作业。β 表示一系列资源约束或者生产条件特征：r_j 表示工件的准备时间，指工件到达车间可以开始工作的最早时间；d_j 表示工期即承诺的工件完成时间。如果工期必须满足，也称为最后期限。如果允许在工期内完成，则目标值受到惩罚；权重 w_j 表示工件的优先权，即该工件在系统中相对于其他工件的重要程度；p_j 表示工件在机器上的加工时间；s_{ij}表示两个工件之间的机器准备时间，即工件 i 完成生产后机器需维护一段时间后才能开始生产工件 j。γ 表示优化问题的目标函数：C_{max}表示最大完成时间，即最后一个工件完成的时间；$\sum C_j$ 表示所有工件的完成时间之和；$\sum w_jC_j$ 表示所有工件的加权完成时间之和；T_{max} 表示最大延迟时间，即违反工期的最大时间；$\sum T_j$ 表示所有工件的延迟时间之和；$\sum w_jT_j$ 表示所有工件的加权延期时间之和；$\sum E_j$ 表示所有工件的提前完成时间之和。

2.2.1 单机调度问题

最简单的加工环境，车间中只有一台加工设备。在单机调度问题中，通常会有一个待加工工件集合，每个工件具有一定的加工时间、权重，以及相应的交货期要求等，并且在加工之前已经到达。该问题的任务是确定一个最优的工件加工顺序，使得一个给定的目标达到最优化，例如每个工件完工时间之和最小、所有工件的延误时间最小等（Fatih et al.，2006；Anghinolfi and Paolucci，2009；Wang and Tang，2010）。

常见的加工顺序规则主要有以下几种：

（1）FCFS（First Come，First Served）规则。即先进先出规则，按照订单的到达先后顺序进行加工。

(2) SPT (Shortest Processing Time) 规则。即最短加工时间规则，按照各工件加工时间由小到大的顺序进行加工。

(3) EDD (Earliest Due Date) 规则。即最早交货期规则，按照各订单交货期的先后顺序进行加工。

2.2.2 并行机调度问题

并行机调度问题是加工系统有一组 m 台功能相同的机器，待加工的工件都只有一道工序，在生产过程中，每个工件可以在任意一台机器上完成加工，需要决策的是将工件分配到哪台机器上进行加工，以及各台机器上所分配的工件之间的加工顺序，以使得整个生产过程的某一指标（最大完成时间、总加权流水时间、总加权拖期惩罚等）达到最优化 (Ou et al., 2015; Mensendiek et al., 2015)。通常采用 LPT (The Longest Processing Time First Rule) 准则：将前 m 个加工时间最长的工件先加工，一旦有机器完成加工，则该机器得到空闲，将剩余工件中加工时间最长的工件进行加工（靳志宏，2008）。

2.2.3 流水车间调度问题

流水车间调度问题一般可以描述为：n 个工件在 m 台机器上加工，一个工件分为 k 道工序，每道工序要求不同的机器加工。n 个工件在 m 台机器上的加工顺序相同，工件 i 在机器 j 上的加工时间是给定的，目标一般是求 n 个工件的最优加工顺序，使最大流程时间最小 (Gupta, 1988; Taillard, 1990; Koulamas, 1998)。两台机器的流水线排序通常采取 Johnson 算法：首先，列出各工件在各机床上加工所需的时间，并用矩阵形式表示；然后，选择最小加工时间,如果该时间是在第一台机器上,则将该工件放在靠前位置;反之,如果该时间是在第二台机器上,则将该工件放在靠后位置。同时将该工件从矩阵中去掉。重复这一过程直至所有的工件被选择为止(靳志宏,2008)。

2.2.4 异顺序车间调度问题

异顺序车间调度问题通常包含一组工件 {1,……,n} 和一系列机器 {1,2,……,m}。和流水线车间不同,其中每个工件都有不同的加工路线,每道工序都必须在指定的机器上加工,该问题的优化目标是按照工件的加工路线,将每个工件的加工作业分配到各相关机器上,使得所得到的调度方案的完工时间最小或者延迟时间最小等。通常如下假设:基于每个工件所给定的加工路线,只有在前一道工序完成的情况下才能开始下一道工序的加工;某台机器一旦开始某道工序的加工,则不允许中断;在任意时刻,每台机器最多只能加工一个工件(Sels et al., 2011; Gabel and Riedmiller, 2012; Zhang et al., 2013)。

2.3 车辆路径问题

车辆路径问题(VRP)一般定义为:对一系列装货点和卸货点,组织适当的行车线路,使车辆有序地通过它们,在满足一定的约束条件(如货物需求量、发送量、交发货时间、车辆容量限制、行驶里程限制、时间限制等)下,达到一定目标(如路程最短、费用最少、时间尽量少、使用车辆数尽量少等)。

目前有关 VRP 的研究已经可以表示为：给定一个或多个中心点（中心仓库，Central Depot）、一个车辆集合和一个顾客集合，车辆和顾客各有自己的属性，每辆车都有容量，所装载货物不能超过它的容量。起初车辆都在中心点，顾客在空间任意分布，车把货物从车库运送到每一个顾客（或从每个顾客处把货物运到车库），要求满足顾客的需求，车辆最后返回车库时，每个顾客只能被服务一次，怎样才能使运输费用最小。而顾客的需求或已知、或随机、或以时间规律变化。

在 VRP 中，最常见的约束条件有：

（1）容量约束：任意车辆路径的总重量不能超过该车辆的能力负荷。引出带容量约束的车辆路径问题（Capacitated Vehicle Routing Problem，CVRP）。

（2）优先约束：引出优先约束车辆路径问题（Vehicle Routing Problem with Precedence Constraints，VRPPC）。

（3）车型约束：引出多车型车辆路径问题（Mixed/Heterogeneous Fleet Vehicle Routing Problem，MFVRP/ HFVRP）。

（4）时间窗约束：包括硬时间窗（Hard Time Windows）和软时间窗（Soft Time Windows）约束。引出带时间窗（包括硬时间窗和软时间窗）的车辆路径问题（Vehicle Routing Problem with Time Windows，VRPTW）。

（5）相容性约束：引出相容性约束车辆路径问题（Vehicle Routing Problem with Compatibility Constraints，VRPCC）。

（6）随机需求：引出随机需求车辆路径问题（Vehicle Routing Problem with Stochastic Demand，VRPSD）。

(7) 开路：引出开路车辆路径问题（Open Vehicle Routing Problem，OVRP）。

(8) 多运输中心：引出多运输中心的车辆路径问题（Multi-depot Vehicle Routing Problem，MDVRP）。

(9) 回程运输：引出带回程运输的车辆路径问题（Vehicle Routing Problem with Backhauls，VRPB）。

(10) 最后时间期限：引出带最后时间期限的车辆路径问题（Vehicle Routing Problem with Time Deadlines，VRPTD）。

(11) 车速随时间变化：引出车速随时间变化的车辆路径问题（Time-dependent Vehicle Routing Problem，TDVRP）。

在现实问题中，所有车辆都是有容积限制的，故本书主要研究CVRP问题。

2.3.1 CVRP问题描述及其数学模型

CVRP的描述：设某中心车场有 k 辆车，每辆配送车的最大载重量 Q，需要对 n 个客户（节点）进行运输配送，每辆车从中心车场出发给若干个客户送货，最终回到中心车场，客户点 i 的货物需求量是 q_i（i = 1, 2, ……, n），且 $q_i < Q$。记配送中心编号为 0，各客户编号为 i（i = 1, 2, ……, n），c_{ij} 表示客户 i 到客户 j 的距离。求满足车辆数最小，车辆行驶总路程最短的运送方案。

定义变量如下：

x_{ijk}：若车辆 k 由 i 到 j，则值为 1；若车辆 k 不由 i 到 j，则值为 0。

y_{ki}：若车辆 k 访问 i，则值为 1；若车辆 k 不访问 i，则值为 0。

建立此问题的数学模型：

$$minZ = \sum_i \sum_j \sum_k c_{ij} x_{ijk} \quad (2-1)$$

约束条件：

$$\sum_k y_{ki} = 1 \ (i=0, 1, \cdots\cdots, n) \quad (2-2)$$

$$\sum_i x_{ijk} = y_{kj} \ (j=0, 1, \cdots\cdots, n \quad k=1, 2, \cdots\cdots, m) \quad (2-3)$$

$$\sum_i x_{jik} = y_{kj} \ (j=0, 1, \cdots\cdots, n \quad k=1, 2, \cdots\cdots, m) \quad (2-4)$$

$$\sum_i q_i y_{ki} \leq Q \ (k=1, 2, \cdots\cdots, m) \quad (2-5)$$

公式（2-1）表示目标函数为最小化车辆行驶总路程；约束（2-2）表示每个客户只能由一辆车访问；约束（2-3）与约束（2-4）表示流量守恒约束，约束（2-5）表示每辆车的装载量不得超出车辆容积。

2.3.2 精确算法

CVRP问题已被认为是NP难题，现介绍几种主要的精确算法，从最早的分支定界到现在的分支定价。

1. 分支定界

分支定界法（Branch and Bound Method）在20世纪60年代被提出，其实质为一种隐枚举法或部分枚举法，是枚举法基础上的改进。分支是指把可行解集划分为互不相交的子集。如果要求解一个最小化问题，定界就是指计算目标函数值在给定可行解子集上的下界。如果这个可行解子集的下界大于或等于当前最好的目标函数值，那么就可以不考虑这一可行解子集。这个过程称为剪支。反复利用分支、定界和剪支，我们就可以找到最小化问题的一个最优可行解（周黍雨，2012）。

2. 动态规划

动态规划（Dynamic Programming）是解决多阶段决策过程最优化问题的一种方法，由美国数学家贝尔曼等人在20世纪50年代初提出。可用于解决最优路径、资源分配、生产计划与库存排序等问题。动态规划模型需要用到以下概念：阶段、状态、决策和策略、状态转移方程、指标函数（胡运权、郭耀煌，2012）。

（1）阶段：在动态规划里，将所给问题的过程，按时间或空间特征分解成若干个相互联系的"阶段"，以便能按次序去求解。描述阶段的变量称为阶段变量。通过对阶段的划分，我们就能把问题的过程转化为多阶段决策的过程。

（2）状态：各阶段开始时的客观条件叫作状态，描述各阶段状态的变量称为状态变量。当某阶段状态给定后，在这阶段以后过程的发展不受这段以前各段状态的影响。

（3）决策和策略：当各阶段的状态取定后，就可以做出不同的决策，从而确定下一阶段的状态，这种决定称为决策。表达决策的变量称为决策变量。

（4）状态转移方程：动态规划中本阶段的状态往往是上一阶段状态和上一阶段的决策结果，可以用方程来表示。

（5）指标函数：用于衡量所选定策略优劣的数量指标称为指标函数。

动态规划的关键在于正确地写出基本的递推关系式和恰当的边界条件。需先将问题的过程分成几个相互联系的阶段，恰当地选取状态变量和决策变量及定义最优指标函数，从而把问题化成一组同类型的子问题，然后逐个求解。求解时从边界条件开始，逆过程行进方向，逐段递推寻优，在每一个子问题的求解中，都利用它前面的子问题的最优化结果，最后一个子问题的最优解就是整个问题的最优解（胡运权、郭耀煌，2012）。

3. 拉格朗日松弛

组合优化问题可以分为两类：一类简单的问题可以在多项式时间内获取最优解；还有一系列较难的问题在多项式时间内无法获取最优解。拉格朗日松弛（Lagrangian Relaxation）可以为较难的问题提供下界值。

拉格朗日松弛的主要思想是把组合优化问题中的困难约束"对偶化"，即通过"拉格朗日乘子"把这些困难约束增加到目标函数中去。这样的通过拉格朗日乘子把一些约束对偶化的过程就称为"拉格朗日松弛"。原问题经过拉格朗日松弛之后所得到的问题就称为"拉格朗日松弛问题"。假设原问题模型为：

$Z = \min cx$

S. t. $Ax = b$

$Dx \leq e$

$x \geq 0$ 且为整数

我们将约束 $Ax = b$ 进行松弛，加入原问题的目标函数中，得到松弛问题的模型：

$Z_D(\mu) = \min cx + \mu(Ax - b)$

S. t. $Dx \leq e$

$x \geq 0$ 且为整数

其中，$\mu = (\mu_1, \mu_2, \cdots \mu_m)$ 为一系列拉格朗日乘子。假设原问题的最优解为 x^*，则 $Z_D(\mu) \leq \min cx^* + \mu(Ax^* - b) = Z$。即对于该松弛问题，易于求出其最优解，松弛问题的最优解即为原问题的一个下界解。

4. 列生成法与分支定价法

在线性规划中，当矩阵的列太多，问题可能变得难以求解。这时，可采取列生成法（Column Generation）与分支定价法（Branch and Cut）来取得较好的结果。

例如，我们把下面的线性规划模型称为主问题

$$Z = \min c_j x_j$$
$$\text{S.t.} \sum_{j \in S} a_j x_j \leq b$$
$$x_j \geq 0, j \in S$$

如果要用单纯形法来求解上述问题，那么在每一步迭代中，我们要计算非基变量的检验数，把检验数最小的换到"基"中。也就是说，给定一组非负的对偶向量，我们希望找到一个合适的 $j \in S$，来得到最小化检验数。我们用一个相对小的列向量集合 S' 来代替原有的 S，这样产生的问题称为受限主问题。在受限主问题中，检验数可以通过一个定价问题得到。我们就把定价子问题中达到最优值的那一列添加到受限主问题中，然后反复地求解受限主问题和定价子问题，不断进行这样的迭代过程，直到找不到检验数为负的列为止。列生成中的列在研究的具体问题中往往有具体的含义，比如一条路径、一台机器上的调度，等等。

我们可以结合分支定价法求解这种大规模线性规划问题。分支

定价法沿用了分支定界法的思路，同时在每个结点中应用了列生成法。在分支定价法中，我们首先松弛原整数规划问题的整数约束，使用列生成法求解松弛后的整数规划问题。然后如分支定界法一样，如果得到的是分数解，就进行分支，在问题中添加相应的约束条件。然后不断使用列生成法求解添加了新的约束条件后的线性规划问题。由于只是添加一些新约束，所以可以基本沿用针对原问题的列生成法的模型。在每个结点，我们还可以通过列生成法的定价算法得到问题的一个下界，如果这个下界不小于当前最好的上界，我们就可以把这个分支剪掉，这个过程就称为定价。反复利用分支和定价，我们就可以求解这种类型的整数线性规划问题（周黍雨，2012）。

2.3.3 智能优化算法

传统的优化算法是基于精确数学的方法，这类方法对数据确定性和准确性有严格的要求。实际生活中迫切希望能够直接对具有不确定性的数据乃至语言变量进行计算的优化方法，于是新的优化算法不断出现。

1975 年，Holland 提出遗传算法（Genetic Algorithm）；1983 年，Krikparick 提出了模拟退火（Simulated Annealing）算法；1986 年，Glover 提出禁忌搜索（Tabu Search）算法；1997 年，Mladenović 和 Hansen 提出变邻域搜索（Variable Neighborhood Search）算法。

1. 遗传算法

遗传算法是根据问题的目标函数构造一个适值函数，对一个由多个解构成的种群进行评估、遗传运算、选择，经多代繁殖，获得适应值最好的个体作为问题的最优解（汪定伟等，2007）。遗传算法的基本构成要素如下。

种群：种群是由染色体构成的，每个个体就是一个染色体，每个染色体对应着问题的一个解。种群中个体的数量称为种群大小或者种群规模。

编码方法：编码方法也称为基因表达方法，染色体是由基因构成的。染色体与要优化的问题的解进行对应，就需要通过基因来表示。

遗传算子：遗传算子包括交叉和变异。遗传算子模拟了每一代中创造后代的繁殖过程，是遗传算法的精髓。

交叉同时对两个染色体进行操作，组合二者的特性产生新的后代。双亲的染色体是否进行交叉由交叉率来进行控制。交叉率定义为各代中交叉产生的后代数与种群中个体数的比。

变异是在染色体上自发地产生随机的变化。染色体是否进行变异由变异率进行控制。变异率定义为种群中变异基因数在总基因数中的百分比。

选择策略：从当前种群中选择适应值高的个体以生成交配池的过程。

停止准则：一般使用最大迭代次数作为停止准则。

2. 模拟退火算法

模拟退火算法是一种启发式的随机寻优算法，它模拟了物理退火过程，由一个给定的初始高温开始，利用具有概率突跳特征的抽样策略在解空间中随机搜索，伴随温度的不断下降重复抽样过程，最终得到问题的全局最优解（汪定伟等，2007）。模拟退火算法的基本构成要素如下。

状态表达：状态表达是利用一种数学形式来描述系统所处的一种能量状态，一个状态就是问题的一个解，问题的目标函数对应状态的能量函数。

邻域定义与移动：模拟退火算法采取了一种特殊的邻域移动方法，依据一定的概率来决定当前解是否移向新解。

热平衡达到：在给定的一个温度下，模拟退火算法进行随机搜索，最终达到一种平衡状态的过程，这是内循环过程。在每一个温度下，内循环迭代相同的次数。

降温函数：降温函数用来控制温度的下降方式，温度每一步下降的大小都相等，是外循环过程。

3. 禁忌搜索算法

禁忌搜索算法的基本思想是在搜索过程中将近期的历史搜索过程放入禁忌列表中，阻止算法重新进入，有效防止搜索过程的循环。禁忌搜索算法采用了邻域选优的搜索方法，为了能逃离局部最优解，算法必须接受劣解，也就是每次迭代得到的解不必一定优于以前的解。算法将最近接受的一些移动放在禁忌表中，在以后的迭代中加以禁止，即只有不在禁忌表中的较好解才被接受作为下一代迭代的初始解。随着迭代的进行，禁忌表不断更新，最早进入禁忌列表的移动就从禁忌表中解禁了（汪定伟等，2007）。

4. 变邻域算法

变邻域算法的基本思想是结合局部搜索算法来系统地改变邻域结构。主要包括以下操作：

摇动程序：在变邻域算法中使用摇动程序的目的是跳出局部搜

索，具体做法是从某个邻域中随机选择一个邻域解（通常该邻域解被当作该邻域内局部优化的初始解）。

邻域变换：如果当前解在某个邻域结构中发生改进了，则回到第一个邻域结构中继续搜索；否则在下一邻域（根据定义的顺序）中继续搜索。

局部优化：在每次迭代中对当前解的邻域结构，采取局部启发式算法对当前解进行优化。

2.4 生产与运输协同调度问题

Chen（2010）指出为了在供应链中实现最佳的经营绩效，关键是统筹规划和协调生产与运输这两个职能。并对生产与运输协同调度问题的目标函数进行分类，同时对问题模型也进行了分类。

2.4.1 目标函数分类

现有模型的目标函数主要分为以下几类：基于成本、基于时间、基于收益，以及三类的混合。

基于成本的目标函数：最小化最晚交付订单的交付时间、最小化所有订单的（加权）交付时间之和、最小化订单的最大迟到交付时间、最小化所有订单（加权）交货延误时间之和、最小化所有订单（加权）交货提前时间之和、最小化迟到订单的（加权）数目。

基于成本的目标函数：最小化基于路径的运输总成本（例如行驶距离）、最小化基于车辆的运输总成本（包含车辆固定成本）、订单生产总成本。

基于收益的目标函数：最大化生产和交付订单的总收入（由于资源限制，订单无法完全生产时需选择性生产）。

2.4.2 问题模型分类

采用 $\alpha \mid \beta \mid \pi \mid \delta \mid \gamma$ 来表示数学模型。

α 表示机器配置特征：单机、平行机、流水线、两阶段加工等。

β 表示订单约束：订单可以开始加工的时间；订单的交货期；订单的交货时间窗；订单是否有优先权；订单是否可以中断等。

π 表示运输模式：单车运输；有限数目车辆运输；无限数目车辆运输；每辆车仅服务一个订单；每辆车可服务多个订单等。

δ 表示客户数目：单个客户；多个客户。

γ 表示目标函数：衡量成本的目标函数；衡量客户服务的目标函数；衡量收益的目标函数以及三者混合的目标函数。

此外，按照运输方式，生产与运输协同调度问题现有模型主要分为以下几类：

(1) 即时单个运输：每个订单一旦完成生产，立即对其进行运输。

(2) 单个客户分批直达运输：只有一个客户，其订单分批次直接运输。

(3) 多个客户分批直达运输：有多个客户，每个客户的订单分别由不同车辆直达运输。

(4) 多个客户分批优化路径运输：多个客户的订单可以由一辆车运输，需规划运输路径。

(5) 固定开始运输时间的运输：每辆车开始运输的时间是固定的，例如第三方物流公司会在固定的时间取货送货。

第3章 研究综述

3.1 引言

现有文献对独立的生产调度问题或车辆运输问题的研究已经十分成熟，本章将对二者做一个简单的综述。生产与运输两个环节的协同调度的相关研究较少，故对此相关文献将做详细梳理。现有文献从具体的调度层面对生产与运输两个环节的协同调度进行研究时，大多侧重研究订单的生产调度问题而简化订单的运输问题，例如大多数文献考虑了订单直达运输模式，只有少量文献考虑了车辆运输路径的优化（Chen，2010）。在直达运输模式中，多数文献研究了单个客户的配送情况，还有部分文献研究了外包给第三方物流公司负责运输到多个客户的情况。在这两种情况中，制造商将某客户的多个订单组成批次直接送至该客户，每辆车一次运输只为一个客户服务，不需要对车辆的访问路线进行规划，其运输过程较容易控制。直达运输虽然简化了生产与运输协同调度问题，但是耗费的成本却较高，且在车辆不满载时会造成资源浪费。在考虑了运输路径优化的生产与运输协同调度问题后，企业在订单装载阶段把来自不同客户的订单组成同一批，在

第3章 研究综述

送货时需要进行车辆路线选择。因此，企业不仅需要对订单的生产进行排序，还要为订单选择装载车辆，并规划每辆车的行驶路径。虽然考虑路径优化后，生产与运输协同调度问题变得更加复杂，但是更加符合企业的实际需求。通常情况下，企业的车辆使用数目是有限的，需通过路径规划来充分利用现有资源，在满足客户满意度的前提下，将配送的运输成本合理地降低。针对不同的生产与运输协同调度问题，现有文献提出了各种精确算法及启发式算法来解决各种问题。

如图3-1所示，本章将先对生产调度问题与车辆运输问题分别做一个简略的文献综述；然后从直达运输模式与车辆路径优化模式两个方面对生产与运输协同调度问题的研究目标和研究内容进行综述，再对生产与运输协同调度问题的求解算法研究进行总结。

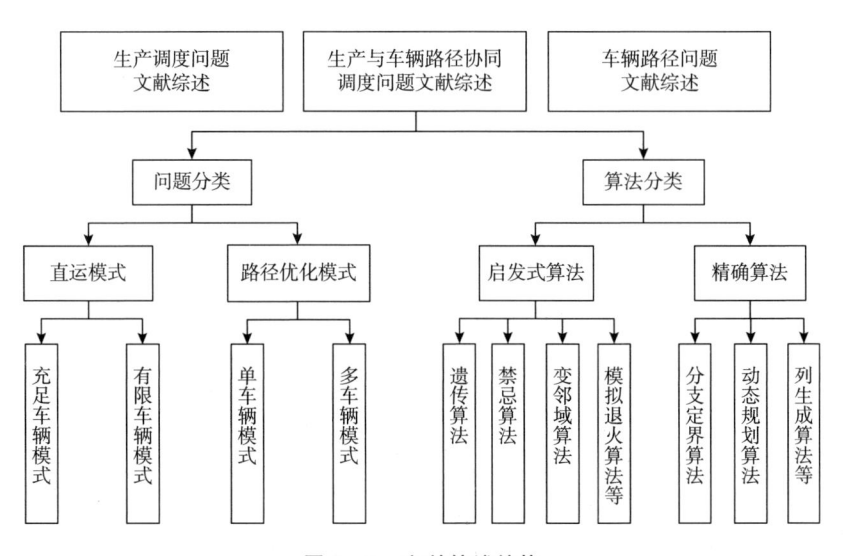

图3-1 文献综述结构

3.2 生产调度问题综述

生产调度问题的研究已经发展得十分成熟，早在 20 世纪中期，Maxwell（1964）就已经对单机生产调度问题做了一个简单的综述，指出随着自动化程度的提高，生产设备趋向于由单个设备（通常是庞大的和复杂的）构成的系统。在许多情况下，这种单个的单元或机器并不仅仅生产单个最终产品；随着配置的改变，它还可以生产类似的但不同的最终产品。在生产各种产品时，单台机器的生产顺序会极大地影响其操作性能。该综述的目的是组织并评估该调度功能的各种方法。Graham et al.（1979）最早采取三元素法"$\alpha \mid \beta \mid \gamma$"来描述各类车间调度模型，$\alpha$ 表示机器配置环境特征；β 表示一系列资源约束或者生产条件特征；γ 表示优化问题的目标函数。该三元素法在本书的 2.2 节已经进行了详细介绍，此处不再展开。Chen et al.（1998）对生产调度问题的复杂性、启发式算法以及近似算法进行了综述。该文章指出计算机和制造系统的调度是四十多年来学者广泛研究的课题，除了计算机和制造业之外，调度理论还可以应用于其他许多领域，包括农业、医院和交通。其研究重点是如何随着时间的推移将一个或多个资源有效地分配给多项活动。这里集中讨论确定性机器调度，假设定义问题实例的所有数据都是确定的。Koulamas（2010）对目标函数为最小化总延迟时间的单机生产调度问题做了综述。该文章回顾了单机总延误最小化的单机调度问题最新理论发展，并对其中一些问题提出了扩展。此外，还回顾了精确算法、全多项式时间近似算法、启发式算法、特殊算例等。

结果表明，该问题在理论和实践上都继续吸引着大量学者的研究兴趣，当前最先进的算法能够解决多达 500 个作业的调度问题。Quan 和 Xu（2013）对单机调度问题及其求解方法进行了综述。该文章指出单机调度理论与方法的研究是一个比较困难的课题，但对于企业提高生产效率具有重要意义。单机调度问题的研究已有五十多年的历史，但其理论调度方法与实际调度问题之间仍存在一定的差距。因此，该文章综述了实际调度领域存在的问题和需要考虑的各种因素，并详细介绍了解决单机调度问题的主要方法及其应用。最后，对单机调度问题今后的研究方向和建议进行了总结。Kress et al.（2018a）对机器调度问题中的算法机制设计进行了文献综述。回顾了算法机制设计文献中机器调度设置的分类和特征问题，并扩展了 Graham 等人广泛接受的分类方案。

本书将对最近几年发表的有关生产调度的文献做一个简单的梳理工作，采取 Graham et al.（1979）提出的三元素法"$\alpha\mid\beta\mid\gamma$"来大概描述各个文献的研究内容。表 3-1 介绍了 2013 年以来在主流期刊发表的部分有代表性的生产调度问题相关文献。Fleszar 和 Hindi（2018）；Chen et al.（2018）；Abdeljaoued et al.（2018）研究了具有可再生资源约束的平行机调度问题，目标函数是最小化工件最大完成时间。Wang et al.（2018）；Lalla-Ruiz et al.（2016）；Ou et al.（2015）；Xu et al.（2014）研究了当时间不充足时，允许拒绝加工某些工件的平行机调度问题，目标是最小化所有工件完成时间之和或最小化工件最大完成时间。Nesello et al.（2018）；Xu et al.（2014）；Zhou et al.（2014）；Herr 和 Goel（2014）；Tanaka 和 Araki（2013）研究了工件顺序决定的机器准备时间以及工件有交货期约束的单机生产调度问题，目标是最小化工件最大完成时间、所有工件加权完成时间之和、所有工件的加权延期时间之和或所有工件的延期时间之和。Kaplanoğlu（2014）；Cheng et al.（2014b）；Wu et al.（2013a）；Liu et al.（2013）分别研究了双代理或多代理的单机生产调度问题，各代理在单机排序上存在竞争关系，目标是分别决策各个代理的最优生产顺序。Wu et al.（2013b）；Shen et al.（2013）；Lai 和 Lee（2013）等研究了工件具备退化效应或者学习效应的单机生产调度问题，目标一般为最小化工件最大完成时间、所有工件的延期时间之和等。

表 3-1 有关生产调度问题的相关文献

文献	α	β	γ
Fleszar 和 Hindi（2018） Chen et al.（2018） Abdeljaoued et al.（2018）	P	可再生资源约束	C_{max}
Ma et al.（2018）	P	工件加工时间随机不确定	C_{max}
Wang et al.（2018） Lalla-Ruiz et al.（2016） Ou et al.（2015） Xu et al.（2014）	P	工件可以拒绝加工	$\sum C_j / C_{max}$
Lin（2018）	P	机器具有相关性、工件具有相关性	$C_{max} + \sum w_j T_j$
Kress et al.（2018b）	1	不同批次工件决定的机器准备时间	最小化总的机器准备成本
Nesello et al.（2018） Xu et al.（2014） Zhou et al.（2014） Herr 和 Goel（2014） Tanaka 和 Araki（2013）	1	工件顺序决定的机器准备时间；工件有交货期；	$C_{max} / \sum w_j T_j / \sum w_j C_j / \sum T_j$
Kacem 和 Kellerer（2018）	1	工件有开始时间、工期约束	T_{max}

续表

文献	α	β	γ
Yin et al.（2017）	P	机器允许中断	$\sum C_j$
Fanjul – Peyro et al.（2017） Edis et al.（2013）	P	额外资源	C_{max}
He et al.（2016）	P	机器依赖性	C_{max}
Mensendiek et al.（2016）	P	工件有交货期	$\sum T_j$
Xue et al.（2014） Wang 和 Liu（2014）	1	机器维护时间	$C_{max} + \sum T_j + \sum E_j / \sum w_j C_j$
Shrouf et al.（2014）	1	能量成本、机器空闲时间	最小化能量成本
Pakzad – moghaddamet al.（2014） Bai et al.（2014）	1	工件具备退化效应/学习效应	$C_{max} / \sum T_j / \sum E_j$
Cheng et al.（2014a）	1	机器生产能力有限	$C_{max} / \sum C_j$
Kaplanoğlu（2014）	1	多代理、工件顺序决定的机器准备时间、机器维护时间	$\sum w_j C_j / \sum T_j$
Cheng et al.（2014b）	1	双代理	$\sum w_j C_j$
Wu et al.（2013a）	1	双代理、学习效应	$\sum T_j / T_{max}$
Liu et al.（2013）	1	双代理，工件具有退化效应	$\sum C_j / C_{max}$
Wu et al.（2013b）	1	工件有开始时间、非线性退化效应	$\sum T_j$
Shen et al.（2013）	1	工件有实际退化效应	$\sum T_j$
Lai 和 Lee（2013）	1	工件有学习效应、遗忘效应	C_{max}
Tanaka 和 Sato（2013）	1	工件有优先权	$\sum C_j$

3.3　车辆路径问题综述

1959 年，Dantzing 和 Ramser 提出了汽油服务的车辆路径问题（Vehicle Routing Problem），并建立了数学模型及相应算法。1964 年，Clarke 和 Ramser 在 Dantzing – Ramser 算法的基础上提出了改进

的贪婪算法。此后，VRP 受到了学术界以及企业界的广泛关注，相关学者提出了关于 VRP 的成百上千个模型及其算法。

表 3-2 梳理了近十多年以来各位学者对 VRP 的综述文章。部分学者对车辆路径问题从整体上进行了分类综述。Toth 和 Vigo（2001）出版了 *Vehicle Routing Problem* 一书，对车辆路径问题进行了详细的分类：有容积限制的车辆路径问题（Capacitated VRP，CVRP）；有时间窗限制的车辆路径问题（VRP with Time Windows，VRPTW）；需要返程的车辆路径问题（VRP with Backhauls，VRPB）；同时取送货的车辆路径问题（VRP with Pick-up and Delivery，VRPPD）。并综述了一系列启发式算法与精确算法。启发式算法如模拟退火算法（Simulated Annealing algorithm）；禁忌搜索算法（Tabu Search methods）；遗传算法（Genetic Algorithm）；蚁群算法（Ant Colony Optimisation）等。精确算法如拉格朗日松弛（Lagrange Relaxation）、分支定界算法（Branch and Bound）与分支定价算法（Branch and Cut）等。Maffioli（2003）则对 *Vehicle Routing Problem* 这本书进行了介绍。Eksioglu et al.（2009）对车辆问题文献进行了分类并提出了一种分类方法。VRP 作为一个研究和实践的领域被广泛定义，它考虑所有的管理、物理、地理和信息，以及影响这个不断出现的领域的理论学科。VRP 相关文献已经变得非常不连贯，跟踪它的发展已经变得很困难，因为它的主题超越了从算法设计到交通管理的几个学科和专业，VRP 文献包括极端深奥和高度理论性的文章和实际应用的描述。该文章对 VRP 领域进行了整体的定义，完成了 VRP 文献的全面分类，并以简约区分的方式描述了 VRP 的所有涉及内容，对根据其差异选择的样本文章进行了分类，文章抽

样包括 VRP 文献的整个范围。De Jaegere et al.（2016）对车辆路径问题做了最新分类与评述。车辆路径问题的特征和假设差异很大，该文章对 2009 年至 2013 年发表的 VRP 文献进行了分类回顾，对 144 篇文章进行分类，分析 VRP 文献的发展趋势。对发表期刊进行统计，对每个类型的问题的研究论文数目进行统计等。Sharma et al.（2018）对车辆路径问题及其变体的研究现状做出了最新的综述。重点研究了车辆路径问题的三个主要变型，即有容量车辆路径问题、混合车场车辆路径问题和有取送货的车辆路径问题。期刊文章从三个学术数据库，即泰勒和弗兰西斯、爱思唯尔、爱墨瑞得进行选择和综述。这篇文章仔细地研究了 117 篇来自不同期刊的研究论文，对模型和解决方法进行了探讨。

  一些学者对车辆路径问题的解决算法进行了综述。Juan et al.（2013）对车辆路径问题的仿真优化算法进行了综述。该文分析了在车辆路径决策中，仿真在路径计算中的作用，并描述了求解随机车辆路径问题时仿真算法的性能。最后，结合车辆路径选择和车辆装箱两个问题，提出了求解二维装载条件下带容积车辆路径问题的偏置随机算法。无论是在解的质量方面，还是在获得它们所需的计算时间方面，一些实验结果有助于验证仿真方法是一个有前途的方法。Funke et al.（2005）对车辆路径调度问题的局部搜索算法进行了回顾与概念整合。局部搜索和基于局部搜索的元启发式方法是目前唯一可用的方法，能够良好地解决大规模车辆路径调度问题。在该文中，回顾了经典的和现代的局部搜索邻域，对不同邻域的结构进行分类分析。该分析基于车辆路径调度问题的解的表达形式，通过一组移动的点或边来描述邻域，并展示如何将移动进一步分解为部分移动。该搜索方法必须以一种有效的方式将这些部分移动组合成一个完整的移动,目的是寻找一个局部最优邻域解,并尽快达到局部最优。该分析显示了部分移动的性质和车辆路径调度问题的约束如何影响搜索技术的选择。Potvin(2009)对车辆路径问题的进化算法进行了分类综述。它综述了遗传算法、进化策略和粒子群优化算法在经典的带容量车辆路径问题及其许多变型问题中的应用,还将进化算法与基准实例的最佳替代求解方法进行了比较。Prins et al.(2014)对车辆路径问题的先排序再分类(Order-first Split-second)的算法做了综述。该算法先对客户进行排序,再将客户分类加入各路径中。Dhawan 和 Kumar Nassa(2014)综述了蚁群优化算法(Ant Colony Optimization)在车辆路径问题中的应用。Gupta 和 Saini(2017)综述了粒子群优化算法在车辆路径问题中的应用。

还有一些学者则对特殊的车辆路径问题进行了综述。Pillac et al.(2013)综述了动态车辆路径问题。该调查从信息质量和进化的角度对路径问题进行分类。在给出动态路径问题的一般描述之后,引入了动态度的概念,并且全面地回顾了动态车辆路径问题的应用和解决方法。Ouaddi et al.(2016)综述了多周期动态车辆路径问题,对模型、算法进行了分类。

Berhan et al.(2014)综述了随机车辆路径问题。采用系统回顾和荟萃分析的方法对文献进行研究。包括浏览相关研究和出版物,筛选相关文章,确定领域,属性和分类。研究表明每个领域和属性下的研究数量有明显的差异。研究最多的属性是随机顾客需求、容量车辆、综合数据和成本最小化的目标函数;而研究最少的是最大化目标函数、随机服务时间以及使用带有递归的随机的应用模型。Oyola et al.（2017）对随机车辆路径问题的解决方法进行了综述；Oyola et al.（2018）对随机车辆路径问题的模型进行了综述。

Zhang et al.（2014）综述了装箱带容积车辆路径问题。介绍了二维和三维装箱带容量车辆路径问题的约束条件和算法差异。综述了装箱问题的 VRP 模型和算法。最后，展望了该领域今后的研究方向和可能的改进方向。

Montoyatorres et al.（2015）综述了多车场的车辆路径问题。考虑了在 1988 年到 2014 年发表的论文，其中研究了该模型的几种变体：时间窗、分批交付、异质车辆、定期交付，以及同时取货和交付。还根据优化的单个或多个目标对研究方法进行分类，并提供了用于进一步研究的线路。

Kim et al.（2015）综述了城市车辆路径问题。与城市物流类似，城市 VRP 与常规 VRP 的主要区别在于所涉及的利益相关者不同，即托运人、承运人、居民和管理者。因此，该文基于利益相关者对城市 VRP 文献进行了综述，总结了城市 VRP 的约束条件、模型和求解方法。识别了城市 VRP 的最新状态，突出了核心挑战性问题，并提出了一些尚未被充分探索的潜在研究领域。

Gendreau et al.（2015）综述了依赖于时间的车辆路径问题。由于交通拥挤、天气条件等原因，或内在的车辆的速度变化（例如车速与燃料的权衡），两点之间的车辆行驶时间会发生变化。分别讨论了点对点、多点之间的模型。

Annouch et al.（2016）综述了整车车辆路径问题。在此问题中，每个车辆一次只能服务于一个订单；此后，必须在下一个请求之前完成交付。回顾了1983年到2015年发表的一些论文,基于两个主要方面进行分类:第一,业务限制和在工业上的应用;第二,精确算法、启发式和元启发式算法。

Srivatsa Srinivas 和 Gajanand(2017)对车辆路径问题与驾驶员行为进行了综述。在规划车辆路径时,驾驶员行为容易被忽视。诸如交通拥挤程度、单调驾驶和疲劳等因素对驾驶员的行为有影响,这反过来可能影响他们的速度选择和路线选择行为。已有研究是孤立地研究驾驶员的行为,不包括传统路径问题的目标和约束。该文章综述了现有的VRP模型、规划者行为模型、驾驶员行为模型等,并提供了在随机交通环境中整合这些模型的动机,以产生实用、经济和司机友好的物流解决方案。

Dewi P. 和 Amelia(2018)综述了快递服务中的车辆路径问题。该文章对四十多篇相关论文进行了分析,发现大多文献研究了最短路径问题。

表3-2 有关车辆路径问题的相关文献综述

文献	研究问题
Toth 和 Vigo(2001);Maffioli(2003);Eksioglu et al.(2009);De Jaegere et al.(2016);Sharma et al.(2018)	车辆路径问题的整体分类
Juan et al.(2013);Funke et al.(2005);Potvin(2009);Prins et al.(2014);Dhawan 和 Kumar Nassa(2014);Gupta 和 Saini(2017)	车辆路径问题的算法综述
Pillac et al.(2013);Ouaddi et al.(2016)	动态车辆路径问题
Berhan et al.(2014);Oyola et al.(2017);Oyola et al.(2018)	随机车辆路径问题
Zhang et al.(2014)	装箱带容积车辆路径问题
Montoyatorres et al.(2015)	多车场的车辆路径问题

续表

文献	研究问题
Kim et al.（2015）	城市车辆路径问题
Gendreau et al.（2015）	依赖于时间的车辆路径问题
Annouch et al.（2016）	整车车辆路径问题
Srivatsa Srinivas 和 Gajanand（2017）	对车辆路径问题与驾驶员行为
Dewi P. 和 Amelia（2018）	快递服务中的车辆路径问题
Eglese 和 Zambirinis（2018）	公路货运车辆路径中的干扰管理

Eglese 和 Zambirinis（2018）综述了公路货运车辆路径调度中的干扰管理。干扰管理是操作重新安排的一种方法，发生在广泛范围内的未预料到的事件，包括航空公司的日程安排和项目管理等。该文章主要综述干扰管理在公路货运配送车辆路径与调度中的应用，讨论了中断的主要特征、中断的相关目标和类型，描述了不同的模型和解决方法，并据此将文献分类。

3.4 直达运输模式下生产与车辆运输协同调度问题

直达运输模式通常是指属于同一个客户的一个或多个订单，其产品生产完毕后可以组成一个或多个批次，由一辆或多辆车直接从工厂运输到该客户，每辆车的运输路径仅仅包含两个点，即工厂与客户。直达运输模式中，不同客户的订单不可以一起运输，各个客户的订单是独立运输的（Chen，2010）。在运输过程中，有的文献考虑充足车辆运输，有的文献则考虑有限车辆运输。

3.4.1 充足车辆直达运输模式

1. 不考虑运输时间

充足车辆直达运输模式是指在运输过程中车辆数目不限，同一辆车不需要重复使用。在车辆充足情况下，大多数文献在考虑生产与运输的协同调度问题时，仅考虑订单生产时间，而忽略了订单运输时间。在 20 世纪末期，Herrmann 和 Lee（1993）与 Yuan（1996）研究了给定交货期的单机生产与运输协同调度问题。其假设车辆充足，运输所需时间为零。每个订单的生产完成时间即为每个订单的实际交付时间，提前交付或延迟交付都有惩罚成本，且延迟交付的订单存在额外的运输成本。目标是最小化惩罚成本与运输成本之加权和。Cheng（1996）和 Wang 和 Cheng（2000）则分别研究了单机器/平行机器批次生产与批次运输问题。二者均假设同一批订单中最晚生产的订单的生产完成时间即为该批次的交付时间，运输时间为零，运输成本与运输批次相关。Cheng（1996）指出同一批订单中除了最后一个订单，其余的订单均存在交付等待时间，其目标是最小化订单交付等待成本与运输成本之加权和。Wang 和 Cheng（2000）的目标是最小化总的流程时间与运输成本之加权和。

Hall 和 Potts（2003）首次从供应链管理调度的角度出发，研究了包含一个供应商、多个零售商及一系列终端客户的单机生产与多车辆运输的协同调度问题。该问题采取批次运输，每个零售商与每个客户的产品均独立运输，假设不产生运输时间。目标分别为最小化完成所有订单的总提前期与总运输成本的加权和，最小化最长延迟时间与总运输成本的加权和，最小化延误完成的订单数与总运输成本的加权和。Hall 和 Potts（2005）继续深入研究单机/平行机与运输协同调度问题，订单给定交货期，忽略运输时间，运输成本仅与运输批次相关，目标分别是最小化所有订单的完成时间之和、最小化最大的延迟时间、最小化总的延迟时间之和、最小化总的延迟数目之和。

Pundoor 和 Chen（2005）研究了 MTO 企业中一个供应商与一个或多个客户的生产运输问题。给定每个订单的交货期，每个客户的订单独立分批次配送，配送不产生时间，但产生成本。目标是均衡最大订单迟到时间与配送成本。Chen 和 Pundoor（2009）继续研究了 MTO 企业中一个供应商与一个客户的生产运输问题，目标是在满足客户服务的条件下最小化配送成本。Mazdeh et al.（2011）也研究了单机器与单客户的生产运输问题，其目标是最小化带权重的总流程时间或者完工时间与运输成本之加权和。

Ji et al.（2007）研究了单机批次生产与多车辆批次运输的问题，其考虑了每个批次的生产准备时间，目标是最小化总的工件流程时间与交付成本之和，针对各种特例提出了动态规划及最优化算法。孙鑫等（2006）研究了由一个供应商、一个制造商和多个客户组成的三层供应链集成调度的总提前期问题，考虑订单采取直达模式运输，通过分析解的最优化条件，设计了动态规划求解方法。柏孟卓等（2007）分析了供应链管理中多制造商、多客户的生产和运输集成起来的调度问题，考虑订单按直达模式运输，给出相应的动态规划算法，并分析算法的复杂性。柏孟卓和唐国春（2009）继续研究了多制造商多客户的供应链排序问题。分别以最大延迟和误工工件数与发送费用的总和作为优化的目标进行讨论。考虑订单交付直达模式，对这两个问题都建立了数学模型，给出具有拟多项式计算复杂性的动态规划算法，适用于制造商与客户规模不大的情形。Chen 和 Lee（2008）研究了单机器生产与多车辆直运的问题，目标是最小化所有订单交付时间与交付成本之和。Selvarajah 和 Steiner（2009）研究了单机生产，无限车辆为多个客户直运的问题。考虑了每个订单生产完成后，在等待运输的过程中产生库存成本；运输成本与运输批次相关。目标是最小化库存成本与运输成本之和。Steiner 和 Zhang（2009）与 Rasti–Barzoki 和 Hejazi（2013）也研究了单机生产，无限车辆为多个客户直运的问题，其考虑每个工件有规定的到货期，目标为最小化运输成本与延迟工件的个数的加权和。桂华明和马士华（2008）建立了由生产商负责产品运输时，供应链分散决策情形下的最佳批量模型，并提出了基于批量折扣和改由批发商负责产品运输的供应链批量协调策略。宫华和唐立新（2011）、宫华等（2015）研究了钢铁企业中并行机生产与成批配送协同调度问题，考虑批次运输，不需设计运输路径。程八一等（2016）研究了制造企业中产品制造环节和配送环节进行协同运作问题，考虑了产品到客户的运输时间是固定的，从而忽略了路径优化。

Averbakh（2010）研究了在线的单机生产与运输问题。其假设只有一个客户，持续向工厂在线提交订单信息，在订单到达工厂之前，订单的大小及加工时间等各种信息都是未知的。目标是决定各个订单的生产顺序及运输批次，使得所有工件的加权完成时间与交付成本的加权和最小化。Averbakh 和 Baysan（2012）研究了半在线的生产与运输问题。其假设多个客户位于相同的地理位置，持续向工厂在线提交订单信息，在订单到达工厂之前，订单的一部分信息是已知的，目标与Averbakh（2010）相同。Han et al.（2015）也研究了在线的单机/平行机的生产运输问题，假设只有一个客户，批次运输。目标是完工时间与运输成本的加权和。Agnetis et al.（2017）也假设只有一个客户，批次运输。客户订单有交付期限要求，目标是最小化总成本。

Stecke和Zhao（2007）与Melo和Wolsey（2010）研究了MTO企业中单机生产与产品运输的协同调度问题，其采用第三方物流公司负责运输，不同的运输模式产生不同的运输成本。目标是优化排产计划，并为每个生产完成的订单选择合适的运输模式，使得运输成本最小化。Huo et al.（2010），Amorim et al.（2012）与Farahani et al.（2012）研究了生鲜易腐产品的生产与运输问题，其均采取第三方物流公司负责运输。Yan（2011）亦研究了易损耗产品的生产与运输问题，一个供应商以一定的生产率生产产品，并在固定的时间内运输产品到一个客户的仓库，要求产品在上一批的产品耗尽时到达仓库，存在生产成本、库存成本和运输成本。目标是决策最佳的生产批次和运输批次，从而最小化系统的总成本。Kopanos et al.（2012）研究了食品行业的多产品生产运输问题，制造商提供足够的车辆直接运输产品到各个客户，目标是决策何时生产何种产品及产品的生产数量与库存数量，从而最小化总成本。Koc et al.（2012）与Toptal et al.（2014）研究了一个制造商多周期生产与运输协同调度的问题，产品从一个周期存储到下一个周期时存在库存成本，客户的产品采取直运模式。该制造商采取运输外包策略，时间紧的订单雇佣高速高成本车辆,反之则使用低速低成本车辆。目标是优化总的库存成本与运输成本的加权和。Fu et al.（2012）研究了单机生产与运输问题,亦采用第三方物流公司负责运输,该物流公司在一系列固定的时间去工厂取货。该问题考虑了订单有生产时间窗和交货期,目标是挑选一些订单进行生产和运输,以产生最大利润。Leung（2013）也研究了单机生产与运输协同问题,其考虑订单有交货期,且所有订单都要求生产,目标是最小化最大延迟时间及最小化车辆使用数目。Mensendiek（2015）研究了平行机生产与运输协同问题,第三方物流公司在一系列固定的时间点取货,其目标是最小化最大延迟时间。Guo et al.（2017）研究了MTO企业中平行机生产与运输协同调度问题,第三方物流公司在一系列固定的时间点取货,其目标是最小化供应链总成本。

2. 考虑运输时间

Mastrolilli（2003）研究了给定订单的可加工时间,生产时间与运输所需时间的平行机生产调度问题。每个订单独立单次运输,目标是最小化所有产品到达客户的时间。Garcia et al.（2004）与Garcia 和 Lozano（2004, 2005）研究了水泥的生产与运输协同问题。充足数目的车辆负责运输,但因工厂生产能力有限,产品有生命周期且客户有时间窗要求,只能选择服务部分客户,从而使得成本最小或者利润最大。Wang 和 Lee（2005）研究了单机生产与两种不同运输模式的调度问题,每个订单给定交货期,各个订单选择不同的运输模式则会产生不同的运输时间和运输成本。目标是在不产生订单交付延误的情况下最小化运输成本。Dawande et al.（2006）分别研究了单生产线的单产品和多产品的生产运输问题,产品生产完毕后经过直运到达各个配送中心，每个配送中心由一辆车负责运输到客户，车辆的运输时间是固定的。目标是最小化总的产品送达客户的迟到时间。Cakici et al.（2012）研究了单机生产，不限数目的有容积限制的车辆运输产品到多个客户的问题。每个客户的订单有交货期要求，同一个客户的订单可以在一辆车运输，目标是优化带权重的总延迟时间与配送成本的加权和。Ullrich（2012）研究了多级供应链系统的生产与运输问题，每一级都有一个或者多个平行机器生产；每一级的工件都必须在上一级完成后才可以加工；每一级工件完成后，都是直运到下一级。目标是最小化整个供应链的完工时间。

3.4.2 有限车辆直达运输模式

运输过程中的车辆数目有限制，经常会出现同一辆车在工厂与客户之间来回多次运输的情况。在这种模式下，大多数相关研究不仅考虑了订单生产时间，而且考虑了订单运输时间。Lee 和 Chen（2001）研究了单机生产与一个或多个客户配送的问题，目标是最小化所有订单交付时间之和。有限数目的车辆负责运输，既考虑了运输时间，也考虑了运输容积，所有产品尺寸相同。Chang 和 Lee（2004）扩展了 Lee 和 Chen（2001）的问题，研究了单机生产与单客户配送、两台平行机生产与单客户配送及单机生产与两个客户配送的多个问题，目标是最小化最晚订单交付时间，即完工时间。每个问题中都假设只有一辆有容积限制的车在工厂与客户之间来回多次运输，每次的运输时间是固定的。Lu et al.（2008）的研究目标与 Chang 和 Lee（2004）一样，但其仅研究单机生产与单车辆负责单客户配送的问题。Wang 和 Cheng（2006）与 Zhong et al.（2007）研究了单机生产/两台并行机生产与单配送中心的问题，也考虑了一辆有容积限制的车在工厂与单配送中心或单客户之间来回运输，目标是确定最佳的生产计划与配送批次计划，从而最小化所有产品都交付到配送中心的时间。Pan et al.（2009）研究了两台流水线机器的生产与产品批次运输的问题，一辆有容积的车辆在工厂与单客户之间多次运输，目标是最小化所有工件完成时间之和或完工时间。Wang 和 Cheng（2009）同时了考虑供应链调度中的原料供应，生产安排与产品运输的问题，目标是最小化完工时间。一辆有容积限制的车从原料仓库运输原料到工厂；另一辆有容积限制的车从工厂运输产品到一个客户。Li 和 Yuan（2009）与 Li et al.（2011）研究了单机生产，一辆有容积限制的车辆运输产品到多个客户的问题，目标也是最小化完工时间。只有同一个客户的订单能在一个批次生产并一个批次运输。Ng 和 Lu（2012）研究了在线的生产与运输问题，目标是最小化完工时间。一辆有容积限制的车辆为一个客户提供批次运输服务，分别考虑了订单可以优先生产与不可以优先生产的情况。Rasti-Barzoki et al.（2013）研究了单机生产，一辆有容积限制的车辆运输产品到单个客户的问题，目标是最小化工件迟到的个数与配送成本的加权和。Kim 和 Oron（2013）一是研究了多个工厂同时采用单机生产的问题，一辆无容积限制的车辆负责运输所有工件到达一个库存中心，每个工件有给定的到货期。目标是最小化迟到的订单数目与配送成本的加权和。二是研究了多个工厂同时平行机生产的问题，假设条件与单机生产相同，目标是最小化总的加权完成时间和配送成本之加权和与最小化总的迟到时间和配送成本之加权和。

也有部分文献考虑了多辆车的运输情况。李昆鹏和马士华（2007）分别对单机器和平行机生产环境下的生产与航空运输集成调度问题进行研究，目的是最小化航空运输的成本，提早配送与延迟配送的惩罚成本，及生产和运输之间的临时库存成本。设计了基于倒排调度方法的优化算法和模拟退火算法对问题求解订单生产问题；将运输问题简化为非平衡的运输问题后，采用线性规划软件求解。Condotta et al.（2013）研究了单机生产，有限数目的车辆为单客户来回运输的问题，目标是最小化最大延迟时间或完工时间。所有车辆去程产生运输时间，回程不产生运输时间。Asbach et al.（2009）与 Schmid et al.（2009，2010）等研究了水泥的生产运输问题，目标是最小化总的成本或总的运输时间。水泥具有较短的生命周期，每辆车每次只为一个客户服务，有限数目的车辆可以重复使用。Agnetis et al.（2014，2015）研究了多机器生产与批次运输的协同问题。所有工件在第一台机器加工完毕后在一定的时间内由第三方物流企业运输到第二台机器继续加工。运输模式有两种，一种是有限数目的车辆在固定的时间离开所在地；另一种是有限数目的车辆可以在任意的时间离开所在地且可以返回重复使用。目标分别是从工厂和第三方的角度最小化各自的成本或最小化运输批次的数目。

3.5 运输路径优化模式下生产与车辆运输协同调度问题

不同客户的订单可以由同一辆车运输，要求规划合理的运输路径，即规划客户的服务顺序，从而将产品交付给不同的客户

(Chen, 2010)。由于运输路径优化模式下的生产与车辆运输协同调度问题比较复杂,将路径优化与生产排产优化同时考虑的文献并不多。

3.5.1 单车辆路径优化模式

Li et al.(2005)研究了单机生产,一辆有容积限制的车辆为多个固定数目的客户运输的问题,采取动态规划算法解决生产排序及路径排序,目标是最小化所有的工件到达客户时间之和。Geismar et al.(2008)研究了有生命周期的产品生产与运输协同调度问题,采用一辆有容积限制的车辆为多个客户服务,允许来回多次运输。该问题的目标是同时决策生产计划与运输计划,从而最小化完工时间,使用遗传算法解决该问题。Armstrong et al.(2008)也研究了有生命周期的产品生产与运输协同调度问题,但其给定了每个客户订单的生产顺序与运输顺序,由不限容积的单车辆一次运输,需要挑选出部分订单生产并在客户要求的时间窗内运输,目标是最大化订单的交付数量。采用分支定界算法解决该问题。Viergutz 和 Knust (2014)继续研究了 Armstronget al.(2008)提出的问题,指出其分支定界算法的一个错误并更正了一个参数设置,另外提出启发式算法来解决该问题及其扩展问题。

3.5.2 多车辆路径优化模式

Li et al.(2005,2006,2008)研究了电子消费品供应链中并行机组装计划与航空运输的协同调度问题。组装阶段会确定各个订单的完成时间,运输阶段则将每个订单分配给相应的飞机。Chen

和 Vairaktarakis（2005）研究了单机器/单客户/多车辆，单机器/多客户/多车辆，平行机器/单客户/多车辆，平行机器/多客户/多车辆四种类型的生产与配送协同问题。目标是优化客户服务水平与配送成本的加权和，动态规划算法与启发式算法均被使用。Li 和 Vairaktarakis（2007）研究了流水车间生产，第三方运输的问题。每个工件都必须在两台不同的机器上加工，不同客户的工件可以一起运输。目标是决策每个工件生产顺序，运输批次及运输路径，最小化运输成本和客户等待时间的加权和。其采用多项式算法解决直运模式下的该问题；近似算法解决考虑到路径的情境。Chen et al.（2009）研究了生鲜产品的生产与配送问题。客户的需求量是随机的，只有在产品到达时才知道；不同客户的产品可以由一辆相同的车运输，且每辆车的产品必须在一起连续生产。供应商必须决策产品产量，何时生产，运输路径，目标是最大化供应商的利润。建立了混合整数规划模型，采用二阶段算法解决该问题。李娜和王首彬（2011）研究了不确定需求下易腐产品的生产配送优化问题，考虑一条生产线及配送软时间窗约束。在不确定需求下，易腐产品一旦送达，多余产品就会变质，而供小于需也有缺货成本。供应商必须决定生产多少、什么时候开始生产，以及将产品送到零售商的最佳运输路线。供应商的目标就是使自己的总成本最小化。马雪丽等（2017）研究了易腐食品二级供应链生产调度与配送路线的协同优化。假设生产商有一条生产线可以生产出多种易腐产品，生产商的每一配送车辆可服务于多个零售商。综合考虑配送的软时窗约束以及需求和运输时间的随机性，问题的目标是要确定生产线的最佳生产批次、生产顺序、开始生产时间以及每一车辆的配送路线，以使整条供应链的利润最大。由此设计了改进的遗传算法和随机模拟技术相结合的混合智能算法求解模型。吴瑶和马祖军（2017）研究了时变路网下带时间窗的易腐食品生产配送问题，考虑在实际城市路网中，车辆行驶速度总在不停变化。该研究假设单生产线和配送硬时间窗约束，目标是确定最佳的客户订单生产开始时间、配送车辆离开配送中心的时间及其配送路径，从而最小化车辆调用成本和行驶成本以及产品价值损耗总和。该研究设计了一种混合遗传算法求解模型。

Boudia 和 Prins（2009）、Bard 和 Nananukul（2010）、Armentano et al.（2011）与 Adulyasak et al.（2012）研究了多周期的生产与运输协同调度，没有考虑订单的生产顺序，只在每个周期确定产品的产量和运输路径。Mula et al.（2010）对供应链中生产与运输问题的数学规划模型进行了综述，包括线性规划模型、混合线性规划模型、非线性模型、多目标规划模型、模糊数学规划模型、随机规划模型、启发式算法及混合算法模型等。Geismar et al.（2011）研究了单生产线以可变的生产率生产具有一定生命周期的产品，一定数目的有容积车辆负责运输产品到各个配送中心，每辆车一次只服务一个配送中心，允许来回多次配送。目标是决策客户的配送次序，从而最小化完工时间。Bashiri et al.（2012）从策略上分析了生产配送系统中的协同合作问题，该系统包括供应商、生产厂、仓库及客户。需决策供应商的选择、每个生产厂的产量、库存的数量及每个仓库供给到每个客户的数量等，目标是利润最大化。Low et al.（2013）研究了一个配送中心加工多种产品，然后运输到一系列零售商的问题。零售商有到货时间窗要求，同一个零售商的产品在一起生产。目标是最小化最晚订单完成时间，提出了两种遗传算法。Jha 和 Shanker（2013）研究了单生产商以有限的生产率生产产品，且生产商处可保有库存的问题。每个客户有一定的需求率，不同客户的产品可以在一起运输；两类不同车速、相同容积的车辆负责运输。目标是最小化生产成本、库存成本和运输成本，采取二阶段迭代算法。Ullrich（2013）研究了平行机生产与多客户配送的问题，机器和车辆均存在开工准备时间，客户有时间窗要求。目标是总的延迟时间最小化，采取遗传算法。Wang 和 Liu（2013）研究了一个星行网络中的单机器生产及运输排序问题。客户点位于不同的直线上，每条直线称为网络的一个分支。一辆有容积限制的车辆来回多次运输，每次只服务在同一直线上的客户。目标是最小化完工时间，提出了近似算法。

Chang et al.（2013）与 Chang et al.（2014）研究了平行机器/多客户/多车辆的问题，目标是最小化所有工件的加权交付完成时间与运输成本之加权和，分别采用列生成法与蚁群优化算法。Lee et al.（2014）研究了核医药（放射性药物）的生产与运输协同调度问题。在生产阶段，多台机器同时使用，每台机器可负责多条流水线的生产，需决策哪个客户的订单在哪台机器的哪条生产线生产。在运输阶段，车辆数目充足，每辆车一次只服务一个客户，且可以来回多次运输，车辆在使用过程中产生固定成本和变动成本，需要决策哪个客户被哪辆车的第几条路径访问。目标是最小化生产线运行成本、运输固定成本及运输行驶成本之和。Belo–Filho et al.（2015）研究了易腐产品的生产与配送协同调度问题，多机器平行生产，生产阶段需决策产品的生产顺序，运输阶段需决策车辆的使用数目以及行驶路线。目标是最小化生产成本与运输成本之和，提出自适应大邻域算法来解决问题。Li et al.（2016）考虑单台机器和多台车辆的生产配送多目标调度问题。第一个目标是最小化车辆交付成本，第二个目标是最小化总客户等待时间。Liu et al.（2017）研究了家庭护理人员的排班调度和路径问题，护理人员每天离开护理中心，访问一系列客户后再返回护理中心。每个客户都有一个服务时间要求和时间窗限制。由于工作人员的服务能力有限，目标是最小化总的旅行成本与未服务客户的惩罚之和。Fu et al.（2017）研究了金属包装行业的生产调度和车辆路径问题，作业允许分解，交付有时间窗要求。目标是最小化总加工成本和运输成本之和。Īsmail Karaoğlan 和 Kesen（2017）研究了具有一定有效期的产品的生产与配送联合调度问题，考虑一辆有容积限制的车来回为多个客户服务，需决策何时开始生产、每一批产量及运输路径。目标是最小化所有产品交付完成时间，提出了分支定界算法解决该问题。Devapriya et al.（2017）研究了易腐产品的生产与运输协同调度问题，目的是决策车辆数目与车辆路线，使得总成本最小化。

3.6 生产与车辆运输协同调度问题求解算法研究

3.6.1 关于启发式算法的研究

Geismar et al.（2008）、Cakici et al.（2012）、Ullrich（2013）与 Low et al.（2013）针对有交付时间约束的生产与运输协同调度问题，分别提出了改进的遗传算法。Geismar et al.（2008）在编码

时采取了客户点的全排列形式，中间没有路径断点；解码染色体时，根据点的排列顺序和车辆的容积限制，截取每个可能的子路径，再采取一种最短路径法寻找最优路径。Cakici et al.（2012）预先规定了只有同一个客户的订单才可以在一条路径中运输；编码时对每一个订单随机安排一个路径，不同客户的订单不允许安排到同一路径中；交叉操作时亦需要遵守此原则。Ullrich（2013）对机器生产序列与车辆路径同时进行编码，不需要对染色体进行编码；机器编码与路径编码同时接受遗传操作；并随机选择交叉，变异或复制等遗传策略中的任意一种来生成新的个体。Low et al.（2013）研究了一个配送中心在时间窗范围内向多个零售商配送产品的问题，提出了传统的遗传算法与改进的遗传算法；改进的遗传算法根据种群的适应值动态地变化交叉率与变异率，以此来加强种群的集中与分散机制；染色体解码时先根据零售商序列生成一系列子路径，再挑选最优组合生成最短路径。Van et al.（1999）针对车辆可以重复使用的生产运输问题，基于解的矢量表示法，分别应用了邻域解算法、模拟退火算法及禁忌算法。Chang 和 Lee（2004）、Li et al.（2011）分别针对单车辆运输问题提出了具有最坏分析的启发式算法。Schmid et al.（2009，2011）针对水泥配送问题，分别提出了一种变邻域搜索算法及一种基于精确算法与变邻域算法的混合算法。Farahani et al.（2012）针对易腐产品的生产运输问题提出了一种大邻域算法。Jha 和 Shanker（2013）针对不同质车辆的生产运输问题提出了一种二阶段迭代算法，第一阶段采用基于拉格朗日乘子的算法解决生产存储问题，第二阶段采用节约法解决车辆路径问题。Condotta et al.（2013）针对单客户分批次运输问题也采用了一种二阶段算法，先使用禁忌搜索算法得到生产问题的解，再将得到的解作为输入应用于运输问题。Lee et al. (2014) 提出了大邻域算法，首先采取构造算法生成订单生产问题的解，再采用构造算法生成运输问题的解，然后根据多种邻域结构生成邻域解，最后取最优的解。

Chen et al. (1996) 综述了机器调度问题，详细研究了该类问题的复杂度、启发式算法及多项式近似算法。重点介绍了基于邻域搜索的算法以及遗传算法，基于邻域搜索的算法包括多初始解法、模拟退火算法、禁忌搜索算法等。对于单机调度问题，针对各种不同的目标函数及约束，目前也有许多启发式算法的研究。例如，Valente et al. (2001) 提出一种遗传算法，目标是最小化工件提前完成时间与延迟时间之和。Kirlik 和 Oguz (2012) 应用了一种变邻域算法，最小化总的订单完成延迟时间。Xu et al. (2014) 研究了目标为最小化总的延迟时间的问题，提出一种基于种群的进化算法，提出了三种交叉策略及两种种群更新机制。Khowala et al. (2014) 提出了一种基于 SPT - EDD 的前向算法等。

车辆路径问题作为经典的 NP 难问题，各种启发式算法已经被众多学者研究得十分成熟。简单的构造算法最先被应用到车辆路径问题中，例如 Clarke 和 Wright (1964) 提出了节约算法；Yellow (1970) 在此基础上加入了参数，形成了新的节约算法；Solomon (1987) 在此二者基础上又加入了不同的参数；Gillett 和 Miller (1974) 提出了扫描算法。各种复杂的启发式算法也慢慢发展起来，例如 Holland (1975) 最先提出了遗传算法，该算法在各个领域得到了广泛的应用；Prins (2004) 针对遗传算法的编码和解码提出了非常经典的 splitting 算法，将所有访问点加入一条巨大的路径中，再根据车辆容积及路径长度约束生成一系列所有可行的子路径，最后解决最短路径问题的算法，得到最优路径；Vidal et al.（2014）提出了标准的综合考虑各种因素的遗传算法框架，包括染色体的表现形式，目标值的衡量方式，交叉及变异的操作方法等；还有嵌入局部搜索的遗传算法（Moscato and Cotta, 2010）、基于路径重新连接法与分散搜索的算法（Glover, 1977; Ho and Gendreau, 2006; Resende et al., 2010）、蚁群算法（Dorigo and Stützle, 2004）、粒子群算法（Poli et al., 2007）、蜂群算法（Marinakis and Marinaki, 2010）。Kirkpatrick（1983）将模拟退火算法引入到组合优化问题，以一定的概率接受差解，以此跳出局部最优。Glover（1986）提出了禁忌算法；Kilby et al.（1999）针对有容积的车辆路径问题提出了有导向的禁忌算法，通过惩罚解的一部分构成因素来促使解朝着最优的方向移动；Cordeau（2001）针对有时间窗约束的车辆路径问题，提出了具有标准框架的禁忌算法；Toth 和 Vigo（2003）研究了禁忌搜索的一个新形式，称为"颗粒禁忌搜索算法（Granular Tabu Search，GTS）"，该算法提出了严格控制的邻域结构，禁止产生不能带来好的解的移动方式，从而减少了邻域解的个数，减少了计算时间。Mladenovic 和 Hansen（1997）详细介绍了变邻域搜索算法；Kytöjoki et al.（2007）将干扰机制与记忆模式引入到该方法中；Pisinger 和 Ropke（2007）在 Mladenovic 和 Hansen（1997）的基础上介绍了自适应大邻域搜索算法，引入了毁灭—创造机制。

随着各种启发式算法的发展，一系列混合算法被提出并应用到车辆路径问题中。例如，启发式算法结合 CPLEX 求解算法，Alvarenga et al. （2007）首先采用遗传算法生成一系列解，将每次迭代生成的最优解都加入一个集合中，迭代结束后建立整数规划模型，采用分支切割法（Branch and Cut）从此集合中挑选路径组合成为最好的解；Subrananian et al. （2013）采用迭代的局部搜索算法结合变邻域算法产生一系列路径，再建立整数模型用 CPLEX 求解。还有一类是启发式与启发式的混合算法，例如模拟退火算法与遗传算法结合（Osman，1993）、随机贪婪算法与迭代的局部算法结合（Prins，2009）、变邻域算法与迭代的局部算法结合（Chen et al.，2010）、禁忌算法与迭代的布局算法结合（Cordeau and Maischberger，2012）、遗传算法和禁忌算法结合（Perboli et al.，2008）、路径重组与粒子群算法结合（Marinakis et al.，2010）。

3.6.2　精确算法相关研究

在采用精确算法解决生产与车辆运输协同调度问题时，因车辆运输路径为 NP 难题，现有文献往往简化了车辆路径。Zhong et al. （2007）、Huo et al. （2010）、Fu et al. （2012）、Wang 和 Liu （2013）分别根据各生产运输问题的特性提出了各种多项式近似算法。Armstrong et al. （2008）、Mazdeh et al. （2011）、Rasti – Barzoki et al. （2013）与 Viergutz 和 Knust （2014）则采取了分支定界法来解决单机器生产与单客户或多客户运输的协同问题。Li 和 Yuan （2009）、Steiner 和 Zhang （2009）针对分组的订单生产与运输问题应用了动态规划算法，只能同一个组的订单在一起运输。Li 和 Yuan （2009）考虑了订单分批次生产，单台机器存在批次生产准备时间，一辆车来回运输，目标是最小化这辆车运送完最后一批订单回到工厂的时间，证明了该问题为 NP 难题，且给出了动态规划算法。而 Steiner 和 Zhang（2009）则考虑订单有交付截止时间，目标是最小化订单的迟到成本与交付成本之和，且订单采取直运模式，假定所有批次一旦生成完毕，立即运输。文章首先采取动态规划算法解决了一个特例问题，进而对原问题提出了一个多项式时间的近似方案。Yan et al.（2011）、Kopanos et al.（2012）则研究了易腐产品的生产与运输的协同问题，通过建立数学模型求解，用具体案例来验证提出的模型的正确性。Yan et al.（2011）通过建立购买方与供应方的库存模型，来确定最优的生产批次及数量。Kopanos et al.（2012）则分别建立了单生产单元与多生产单元的生产与配送模型，分别用两个实例来验证模型，确定具体的生产计划与运输计划。Chang et al.（2013）采用了列生成算法，解决了小规模算例的生产与运输的协同问题。

单独的车辆路径问题也在学术界得到了广泛的研究，Laporte（1992）对各种精确算法进行了综述。其将现有的精确算法分为三大类：直接的树搜索算法，包括指派问题的下界及相关的分支定界算法（Laporte et al.，1986；Laporte et al.，1992）、K – degree Center Tree 算法（Christofides et al.，1981）；动态规划算法（Eilon et al.，1971）；整数线性规划算法，包括分割与列生成算法（Balinski and Quandt，1964；Desrochers et al.，1990）、Three – index 车辆流模型（Fisher and Jaikumar，1978；Fisher and Jaikumar，1981；Desrochers et al.，1992）、Two – index 车辆流模型（Laporte et al.，1985）。

3.7　本章小结

现有文献分别研究了运输直达模式下与运输优化模式下的生产与运输协同调度问题,并在各种约束下(如交付时间约束,车辆容积约束等)建立了相关问题的各种模型,提出了多种启发式算法、近似算法及部分精确算法求解。然而大多文献简化了车辆路径问题,有的文献考虑只有一个客户,有的文献虽然考虑多客户,但车辆采取直运模式或由第三方物流公司负责取货运输。同时优化生产排序与车辆运输问题的文献并不多,大多开发启发式算法来同时解决生产和运输问题。本书将在充分总结现有生产与运输协同调度模型和求解方法的基础上,深入思考运输优化模式下的单机器生产与车辆路径问题的协同调度,从不同的优化目标出发,建立数学模型,探讨该类问题的一些特征和性质,并提出可行有效的启发算法,如禁忌算法、遗传算法与变邻域算法等。此外,还将采用拉格朗日松弛法求解问题的下界,并采用 CPLEX 软件验证模型的正确性及启发式算法的精确性。

第4章 给定订单生产完成时间的车辆路径问题

4.1 引言

在生产与运输协同调度问题中,当订单的生产完成时间给定,仅需决策每辆车装载哪些订单以及每辆车的行驶路径。以国内某电商企业为例,其客户通过网络平台下单,每当订单达到30个规模时,系统将该30个订单的信息一起发送到仓库。仓库接到订单信息后,开始拣选商品,当所有商品拣选完毕,仓库再根据每个订单的需求将不同的商品进行打包,然后运输到相应的客户。在仓库接到订单信息后,一系列有限数目的车辆在仓库待命,等待运输打包完毕的订单。目前订单装载采取"先生产先运输"的原则,即先完成打包的订单先装载到可得车辆,第一辆车装载完毕再开启第二辆车的装载。每辆车的运输路径采取"先近后远"的原则,即从工厂出发先服务距离最近的客户,再服务与该客户最近的客户。显然,企业在现阶段对订单装载与车辆路径是分开决策的。为了提高客户服务水平并节约成本,企业希望对订单装载与车辆路径协同考虑。

比如将较近的客户的订单集合在一起运输，同时权衡订单的打包完成时间，若等待订单集合的时间过长，也不利于整体的运输活动。另外，在该企业的运营过程中，每个订单的生产（拣选与打包）活动完成时间根据大数据等技术是可以预测得到的，即对于运输阶段而言，订单的生产完成时间是已知的。

本章研究的问题为给定订单加工完成时间的车辆路径问题，可将其看作为一种具有订单可得时间的车辆路径问题。在该问题中，订单的生产（拣选与打包）活动的完成时间是已知的（即订单可得时间已知），在将各个订单装载到各个车辆时，需要将车辆行驶路径与订单的完成时间结合起来考虑。在整个生产与运输活动的周期开始，每辆车需等待各自运输的订单全部生产（拣选打包）并装载完毕，才可以从仓库出发。显然，每辆车的出发时间等于其装载的最晚的订单的生产完成时间，这里将该时间定义为车辆等待时间。车辆出发后，在其服务的所有客户间的行驶时间称为车辆行驶时间。每条路径的完成时间为每辆车的完成时间，其等于车辆等待时间与车辆行驶时间之和。目前为止，仅有 Archetti et al.（2015）研究了具有车辆等待时间的车辆路径问题，其假设所有产品在运输初期并不可得，需要车辆在仓库等待一段时间。该研究目标为最小化完工时间，即最小化最后一个订单交付到客户的时间。该文章考虑了客户点的分布呈两种特殊结构（星形结构、线形结构）的图论问题，并采用多项式精确算法来解决不同结构下的问题。本问题考虑了客户点的随机分布结构，以最小化所有路径完成时间之和为优化目标，其等于所有的车辆等待时间与车辆行驶时间之和。以所有路径完成时间之和为优化目标的车辆运输问题的相关文献有：Malandraki 和 Daskin，1992；Hong 和 Park，1999；Balseiro et al.，2011；Gong et al.，2012；Dabia et al.，2013；Avella et al.，2013；Zachariadis et al.，2013；Ehmke et al.，2015。

针对给定订单生产完成时间的生产与运输协同调度问题，本章首先建立数学模型；然后提出一种禁忌搜索算法求得原问题的可行方案；接着提出拉格朗日松弛方法与另外一种基于有容积限制的车辆路径问题的最优解的方法分别求解原问题的下界；最后通过多种规模算例分析以上算法效果。

4.2 问题描述与数学模型

令 $G=(V,E)$ 表示一个完全无向图，$V=\{0,1,2,\cdots\cdots,n\}$ 表示图中点的集合，$E=\{(i,j),i,j\in V;i\neq j\}$ 表示图中边的集合。点 0 表示仓库，在仓库有一定数目的容积均为 Q 的车辆等待运输任务，$H=\{1,2,\cdots\cdots,K\}$ 代表车辆的集合，车辆的数目为 K。$N=\{1,2,\cdots\cdots,n\}$ 代表客户点的集合。每个客户有一个对应的订单，每个订单的大小（产品需求量）为 q_i，订单的可得时间为 r_i，其代表订单的生产（拣选与打包）完成时间。t_{ij} 为非负数，表示每条边 $e=(i,j)$ 的成本，其值等于点 i 到点 j 的行驶时间。当一系列订单被装载到同一辆车时，该车辆最早可以离开的时间为订单中最大的可得时间，该时间被称为车辆可得时间。目标函数为最小化所有车辆路径完成时间之和，每辆车的路径完成时间等于其车辆行驶时间与车辆可得时间之和。约束条件如下：

（1）每个订单只能被安排到一辆车中，且该订单不可以被分批次运输；

（2）每个订单的可得时间不能被违反，即每辆车在其所有订单装载后才可以离开仓库；

（3）每辆车必须从仓库出发，至少访问一个客户后返回仓库；

（4）每辆车装载的产品总数量不得超出其容积。

模型中使用的所有变量与参数说明如下：

（1）变量

x_{ijk} 假如车辆 k 访问边 (i, j) 则其值等于 1；否则其值等于 0，$\forall (i, j) \in E$。

y_{ik} 假如车辆 k 装载客户 i 的订单则其值等于 1；否则其值等于 0，$\forall i \in N$。

A_i^k 车辆 k 到达访问客户 i 的时间。

（2）参数

i, j 客户编号，其值属于 $N = \{1, 2, \cdots\cdots, n\}$；

k 车辆编号，其值属于 $H = \{1, 2, \cdots\cdots, K\}$；

t_{ij} 客户 i 与客户 j 之间的行驶时间；

q_i 客户 i 的订单的大小；

r_i 客户 i 的订单的可得时间；

该问题的数学模型如下：

$$Min \sum_{k=0}^{K} \left(\sum_{i=0}^{n} \sum_{j=0}^{n} t_{ij} x_{ijk} + \max_{j \in N}(r_j y_{jk}) \right) \qquad (4-1)$$

$$\sum_{k=1}^{K} \sum_{j=0}^{n} x_{ijk} = 1, \ i = 1, \cdots\cdots, n \qquad (4-2)$$

$$\sum_{i=0}^{n} x_{ihk} - \sum_{j=0}^{n} x_{hjk} = 0, \ h = 1, 2, \cdots\cdots, n, \ k = 1, 2, \cdots\cdots, K \qquad (4-3)$$

$$\sum_{i=1}^{n} q_i \sum_{j=0}^{n} x_{ijk} \leqslant Q, \ k=1, \cdots\cdots, K \tag{4-4}$$

$$A_i^k + t_{ij} - A_j^k \leqslant (1-x_{ijk})M, \ i=0,\cdots\cdots,n, \ j=0,\cdots\cdots,n, \ k=1,\cdots\cdots,K \tag{4-5}$$

$$A_0^k \geqslant \max_{j \in N}(r_j y_{jk}), \ k=1, \cdots\cdots, K \tag{4-6}$$

$$y_{jk} = \sum_{i=0}^{n} x_{ijk}, \ j=1, \cdots\cdots, n, \ k=1, \cdots\cdots, K \tag{4-7}$$

$$x_{ijk} \in \{0,1\}, \ i=0, \cdots\cdots, n, \ j=0, \cdots\cdots, n, \ k=1, \cdots\cdots, K \tag{4-8}$$

$$y_{jk} \in \{0,1\}, \ j=1, \cdots\cdots, n, \ k=1, \cdots\cdots, K \tag{4-9}$$

式（4-1）表示目标函数，最小化所有车辆路径完成时间之和，其值等于总的车辆行驶时间与总的车辆可得时间之和；式（4-2）表示每个订单必须由一辆车运输送达客户；式（4-3）表示流量守恒约束；式（4-4）表示每辆车的容积不能被违反；式（4-5）表示消除子循环约束；式（4-6）表示每辆车在其最大可得时间的订单装载后才可以离开仓库；式（4-7）表示如果车辆访问一个客户，则该客户的订单必须被装载；式（4-8）和（4-9）为0-1变量约束。

若令所有订单的可得时间为零，则该问题转化为一个纯粹的有容积限制的车辆路径问题（CVRP），CVRP已经被公认为是NP难题，则本章研究的问题亦为NP难题。精确算法难以解决较大规模的算例，故下面提出一种启发式算法来解决该问题。

4.3 禁忌搜索算法设计

作为启发式算法的一类，禁忌搜索算法（Tabu Search）由Glover（1986）最早提出，它采取了邻域选优的搜索算法，且在一定的情况下接受劣解。为避免陷入局部循环，算法使用禁忌列表，持续将最近接受的一些移动放在表中，在后面的迭代中禁止使用。如果禁忌列表中某些移动产生的解比历史最优解更好，则打破禁忌，允许使用该移动，称此为渴望原则。本章设计了一种改进的禁忌搜索算法，称为颗粒禁忌搜索算法（GTS），其最早被 Toth 和 Vigo（2003）提出来解决车辆路径问题。Toth 和 Vigo（2003）在传统的禁忌搜索算法的基础上提出了"颗粒邻域"（Granular Neighborhoods）的概念，在采用禁忌搜索算法生成邻域解时，只允许考虑接受可能带来较好的解的移动。相比传统的禁忌搜索算法，GTS 仅仅搜索小部分的邻域空间，在不降低解的质量的情况下大大加快了整个算法的搜索速度。GTS 的详细流程如图 4-1 所示，本章设计的 GTS 由四个部分组成：

（1）构造初始可行解：分别采用贪婪算法与随机算法；

（2）颗粒邻域生成邻域解：简介颗粒邻域结构，并提出四种产生邻域解的移动方式及一种简单的计算邻域解目标值的算法；

（3）局部搜索算法优化邻域解：采取了一种优化车辆路径的局部搜索算法；

（4）禁忌搜索算法准则：设计禁忌列表、集中搜索与分散搜索。

4.3.1 构建初始解

该问题的初始解由一系列车辆路径构成，每条车辆路径中包含不同的客户点，每个客户点的订单在仓库的可得时间不同，因此每辆车的出发时间与行驶时间均不同。禁忌搜索算法从构造初始解开始，分别采取贪婪算法、节约算法和随机算法来生成多个解，计算

第 4 章　给定订单生产完成时间的车辆路径问题

构造初始可行解
贪婪算法
随机算法
颗粒邻域产生邻域解
颗粒邻域介绍
邻域解的产生方式：1-0-exchange, 1-1-exchange, 1-1-arc-exchange与Piece-exchange
邻域解的计算方法
局部搜索算法优化邻域解
局部搜索算法
禁忌搜索算法准则
禁忌列表
集中搜索
分散搜索

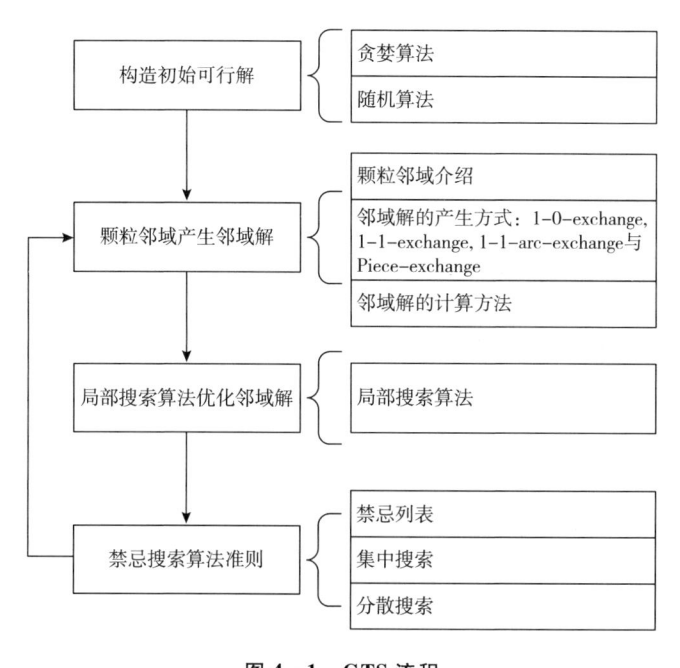

图 4－1　GTS 流程

每个解的目标值，从中挑选出最好一个解作为 GTS 的初始解。

1）贪婪算法

客户根据订单可得时间的非升序排列，从序列中的第一个客户开始，将其插入到每条路径的末尾，计算各条路径的完成时间（车辆可得时间与车辆行驶时间之和），选择造成最短完成时间的路径插入。在此过程中，需检验路径的可行性。若当一个客户插入到某条路径，而该条路径超出其容积限制，则令该路径的完成时间为一个极大值，从而避免选择该路径插入。贪婪算法的详细步骤见算法 4－1：

算法 4－1：贪婪算法

（1）设置客户集合 $C=\{1,2,\cdots\cdots,n\}$，路径集合 $R=\{1,2,\cdots\cdots,K\}$

（2）将集合 C 中的客户根据订单可得时间的非升序排列

（3）While（C =！∅）do

（4）选择集合 C 中的第一个客户 f

（5）计算客户 f 与每条路径 $r \in R$ 中最后一个客户之间的行驶距离 tf_last

（6）If（路径 r 中的总订单大小 > 车辆容积 Q）

（7）令行驶距离 tf_last 为一个极大值 M

（8）选择具有小的 tf_last 值的一条路径

（9）将客户 f 插入该路径的末尾

（10）将客户 f 从客户集合 C 中删除

（11）End while

（12）Return 车辆行驶路径

2）节约算法

Clarke 和 Wright（1964）提出了用节约算法来解决有容积限制的车辆路径问题。该算法首先给每个客户安排一辆车，即每条路径只访问一个客户；然后计算任意两条路径中的点合并后的节约值，$s_{ij} = c_{i0} + c_{0j} - c_{ij}$，其中，i 与 j 分别表示两条不同路径中的两个客户，0 表示仓库即车辆出发点，c_{ij} 表示两点之间的行驶成本，s_{ij} 表示客户 i 与 j 在同一条路径中比在不同的路径中节约出来的行驶成本；再根据任意两点的节约值安排路径的访问顺序。在本问题中，用 t_{ij} 取代 c_{ij}，即计算路径行驶时间的节约量。节约算法的具体流程见算法 4-2。

算法 4-2：节约算法

（1）设置变量 k=1，可用车辆数目为 K；客户点集合 C = ｛1,

2, ……, n}, $S = \{s_{ij}: i, j \in C\}$

(2) 分别将 n 个客户安排到 n 条空路径中

(3) 计算任意两个客户合并到一条路径后的节约值 s_{ij}

(4) 将所有的节约值 s_{ij} 在集合 S 中按照降序排列；清空所有路径

(5) While ($S =! \emptyset$) do

(6) 从集合 S 中选择最大节约值 s_{ij}

(7) If (车辆 k 装载客户 i 与 j 后的载量 ≤ 车容积 Q)

(8) 将客户点 i 与 j 加入路径 X 的末尾

(9) 将包含点 i 或 j 的节约值 s_{ij} 从集合 S 中删除

(10) Else

(11) $X = X + 1$

(12) If ($X > K$)

(13) Break；//终止 while 循环

(14) End while

(15) For (客户集合 C 中的每个客户点 c)

(16) If (客户点 c 不在任何一条路径中)

(17) 将客户点 c 加入具有最大剩余容积的路径中

(18) Return 车辆行驶路径

3）随机算法

客户随机排列，从序列中的第一个客户开始，将其插入到每条路径的末尾，计算各条路径的完成时间（车辆可得时间与车辆行驶时间之和），选择造成最短完成时间的路径插入。在此过程中，需检验路径的可行性。若当一个客户插入到某条路径，而该条路径超出其容积限制,则令该路径的完成时间为一个极大值,从而避免选择该路径插入。

4.3.2 颗粒邻域结构产生邻域解

邻域解是指按照一定的规则对当前解进行一些改变得到的一系列解,改变包括点和边的移动等,每一种改变方式被称为一种邻域结构。Toth 和 Vigo(2003)提出为了缩减邻域解搜索的时间,一个邻域结构仅考虑那些可能带来较优解的移动,而摒弃那些可能带来不好的解的移动,例如某个移动中含有较长的边是被禁止的。这样的邻域结构被称为颗粒邻域结构(Granular Neighborhoods)。首先,在原问题的基础上考虑一个缩减的完全无向图 G',该图中只包含成本低于一定数值 v 的边。v 的计算公式为 $v = \beta \times \dfrac{z}{n+K}$,$z$ 表示初始解的值,n 表示客户数目,K 表示车辆数目。β 是一个 1.0~2.0 之间的正数,其初始值设为 1,若算法迭代到一定次数以后最优解没有得到更新,则可以增加 β 的值,拓展邻域结构。

本小节设计的四种邻域结构包括点的移动和边的交换,分别为 1 - 0 - exchange,1 - 1 - exchange,1 - 1 - arc - exchange 与 Piece - exchange,如图 4 - 2 所示。每一种移动方式都会产生新的边,图 4 - 2 中的虚线表示基于各种移动方式产生的新的边。在本问题中,当一种移动方式作用于当前解,若产生的新的边中至少有一条边是属于缩减图 G' 的,则接受该移动并生成相应的邻域解;若产生的新的边全部都是长边,即不属于缩减图 G',则不执行该移动且不产生邻域解。

第4章　给定订单生产完成时间的车辆路径问题

（a）1-0-exchange　　　　　　　　（b）1-1-exchange

（c）1-1-arc-exchange　　　　　　（d）Piece-exchange

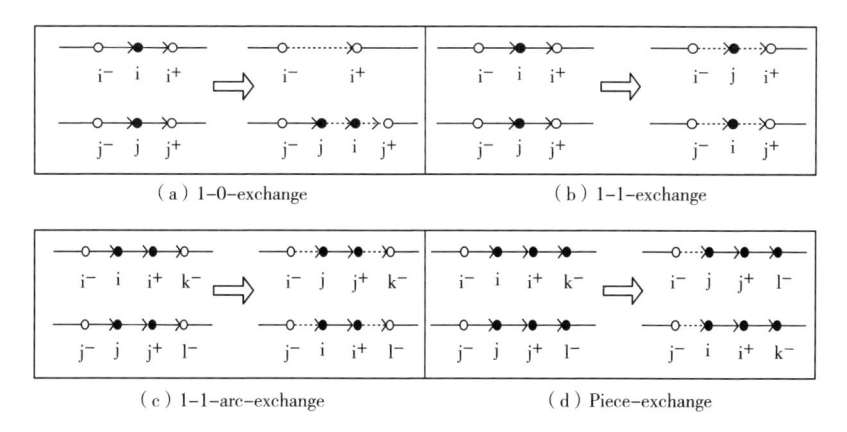

图4-2　邻域结构

以下是对四种邻域结构的简单介绍：

1-0-exchange：从当前解的一条路径中随机选取一点插入剩余路径的任意位置。

1-1-exchange：从当前解的两条路径中各随机选取一点并交换位置。

1-1-arc-exchange：从当前解的两条路径中各随机选取一条边并交换位置。

Piece-exchange：从当前解的两条路径中各随机选取一个点作为切点，交换各切点到各自路径末尾的片段。

当生成新的邻域解后，需要检查其可行性。若该邻域解中有任意一条路径超出容积限制，则说明该邻域解非可行，并令该邻域解的目标值为一个极大值。否则，说明该邻域解为可行解，采取一种简单的策略来计算该邻域解的目标值，该策略仅计算当前解中发生变化的那个部分的成本。在本问题中，生成邻域解时，当前解有两个部分会发生改变，一部分是边的改变，即车辆行驶时间的改变，另一部分是车辆可得时间的改变。

令 f 表示邻域解目标值与当前解目标值之间的变化值，f_1 和 f_2 分别表示车辆行驶时间的变化量与车辆可得时间的变化量。R_k 表示当前解中车辆 k 的可得时间，R_k^N 表示新生成的邻域解中车辆 k 的可得时间。下面以按邻域结构 1-0-exchange 生成的一个邻域解为例来说明邻域解的计算方法。从图 4-2（a）可以看出，客户点 i 从当前解中的路径 R_1 中移出并插入到另外一条路径 R_2 中的客户点 j 的后面，生成了一个相邻解，其计算公式为

$$f = f_1 + f_2 \tag{4-10}$$

$$f_1 = t_{i^-i} + t_{ii^+} + t_{j^-j} + t_{jj^+} - t_{i^-i^+} - t_{ji} - t_{ij^+} \tag{4-11}$$

$$f_2 = R_1 + R_2 - R_1^N - R_2^N \tag{4-12}$$

该邻域解的计算方法只需计算发生改变的边与发生改变的车辆可得时间的变化值，再与当前解的目标值相减即可得到邻域解的目标值，传统的计算则需要计算所有的边与所有的车辆可得时间的值。显然，该策略相比传统的重新计算解的值节省了时间。

4.3.3 局部搜索算法局域内改善解的质量

每一个邻域解都由一系列路径构成，每一条路径可以看作为一个旅行商问题（Traveling Salesman Problem，TSP），可采用局部搜索算法来优化车辆行驶路径，减少每辆车的路径行驶时间。在本章中，一种局部搜索算法"US 算法"被用来优化车辆路径，为节省计算时间，该算法只对每一次迭代产生的最优邻域解进行优化。US 算法最早被 Gendreau et al.（1992）提出来优化 TSP 问题，通过预先规定的准则来重新排列单条路径中客户点的顺序，从而得到改进

的解。其对初始解中已经形成的每条路径环路,将其中一个客户点(包括出发点)从路径中移除后按一定的规则重新连接路径中的客户点;再从新路径中与被移除的客户点较近的点中选择两个点,将该移除点插入到两点之间,再按一定的规则重新连接路径。Li et al.（2014）修改了标准的 US 算法,并将修改后的 US 算法用于解决库存—路径问题,本章采用该修改后的 US 算法来优化每一条车辆路径。修改后的 US 算法在本书中被称为"MUS 算法",其具体流程见算法 4-3,与标准的 US 算法的不同在于:

（1）标准的 US 算法使用了两种类型的点的删除与插入方法,本书则仅使用其中的第一种,如图 4-3 和图 4-4 所示。

（2）标准的 US 算法中,插入点的两个相邻点是从该插入点的 P 个邻域点中随机选择的;本研究的算法中,插入点的两个相邻点则是直接选择与该插入点最近的两个点。

（3）当一条路径中的客户点的数目不超过 7 时,本书用全排列的算法来枚举,选择最好的排列;当超过 7 时,则采用 MUS 算法来优化。

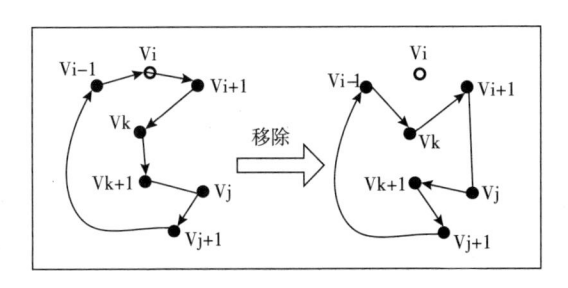

图 4-3　点的移除方式

算法 4-3：MUS 算法

（1）设置变量 $t=1$；路径中点的数目为 Nt

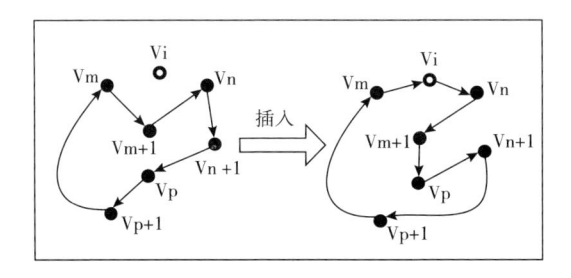

图 4-4 点的插入方式

（2）While（$t \leqslant m$）do

（3）$i = 0$

（4）While（$i < Nt$）do

（5）v_{i+1}是v_i直接后点，找出点v_{i+1}的p个相邻点，并从中随机选择一个点作为v_j

（6）v_{i-1}是v_i直接前点，找出点v_{i-1}的p个相邻点，并从中随机选择一个点作为v_k

（7）如图4-3所示，从当前路线中删除点v_i

（8）在新生成的路径中，找出与点v_i最近的两个点v_m和v_n

（9）v_{n+1}表示v_n的直接后点，找出v_{n+1}的p个相邻点，并随机选择一个点记为点v_p

（10）如图4-4所示，把点v_i重新插入到当前线路中

（11）$i = i + 1$

（12）End while

（13）$t = t + 1$

（14）End while

4.3.4 禁忌搜索算法准则

禁忌列表是GTS算法的一个重要组成部分，里面存储了两类元

素。一类元素是当前解中用于生成邻域解的两条路径的编号；另一类元素是该两条路径中被选中的插入点或交换点或切点。当生成一个邻域解时，需要检查该邻域解是否被禁忌。首先检查当前解中用于产生该邻域解的两条路径，若该两条路径在禁忌列表中，则再检查该两条路径中用于产生邻域解的交换点，若所有的点被禁忌，则该邻域解被禁忌；否则该邻域解没有被禁忌。

集中搜索与分散搜索也是 GTS 算法的两个重要准则。通过集中搜索，搜索过程可以集中在产生较好的解的区域；通过分散搜索，搜索过程可以跳出当前区域，到达另外的区域搜索。若当前解连续多次未能优于最优解时，意味着算法陷入了局部循环，此时需要采用分散搜索，通过随机生成新的当前解来跳出到另外一个搜索区域；其余情况下则采取集中搜索，每一次迭代中使用上一次产生的邻域解作为当前解，继续产生新的邻域解。

算法 4-4 详细介绍了颗粒禁忌算法流程，各个符号的含义定义为：Cur 表示当前解；Best 代表最优解；Non-Improvement 表示最优解连续未更新的次数；Div 表示执行分散操作的次数；Is-Better 是一个判断条件。

算法 4-4：GTS 算法

（1）构造初始可行解 s

（2）初始化禁忌列表

（3）设置 $Cur=s$，$Best=s$，$Div=0$，$Non-Improvement=0$，$Is-Better=false$

（4）While（$Div \leqslant 50$） do

（5）以当前解 Cur 为基础生成一系列的邻域解

（6）选择最优的邻域解

（7）采取 MUS 算法优化该邻域解

（8）While（$Is-Better$ = false）do

（9）If（该邻域解没被禁忌）then

（10）If（该邻域解优于最优解）then

（11）$Non-Improvement=0$，$Cur=$ 该邻域解，$Best=$ 该邻域解，$Is-Better$ = true

（12）清空禁忌列表（集中搜索）

（13）If（该邻域解劣于最优解）then

（14）$Cur=$ 该邻域解，$Is-Better$ = true

（15）更新禁忌列表

（16）$Non-Improvement=Non-Improvement+1$

（17）If（$Non-Improvement>25$）then

（18）$Div=Div+1$，$Non-Improvement=0$

（19）清空禁忌列表并随机生成新的解 s_1（分散化）

（20）$Cur=s_1$

（21）If（该邻域解被禁忌）then

（22）If（该邻域解优于最优解）then

（23）$Non-Improvement=0$，$Cur=$ 该邻域解，$Best=$ 该邻域解，$Is-Better$ = true

（24）清空禁忌列表（渴望准则）

（25）If（该邻域解劣于最优解）then

（26）寻找次优的邻域解作为选中的邻域解，$Is-Better$ = false

（27）End while

(28) End while

(29) Return 最优解 Best

4.4 两种下界计算方法

4.4.1 拉格朗日松弛算法

为了衡量 GTS 算法的有效性，拉格朗日松弛算法被用来求解本章提出的问题的下界。通过松弛某些约束，复杂的原问题可以被分解为相对简单的多个子问题，通过对子问题求解可以获得原问题的下界解（Guignard and Kim，1987）。Fisher（1981，1985）详细介绍了拉格朗日松弛算法的基础理论和具体应用领域，其指出对于一些组合优化问题而言，难以在多项式时间内用精确算法求得较好的解。通过放松一系列约束，许多复杂困难的问题（如背包问题、指派问题等）可以看作为相对简单的问题，并可以在多项式时间内用精确算法求解。例如，将边的约束经过对偶化进行放松，将原问题转化为拉格朗日问题，可以采用动态规划算法较容易求得最优值，而拉格朗日问题的最优值可以看作原问题（目标最小化）的下界值。拉格朗日松弛算法首先将原问题中的某一个约束从约束条件中移除，并赋予该约束一系列拉格朗日乘子，将该约束与拉格朗日乘子相乘后加到原问题的目标函数中，则将原问题转化为拉格朗日松弛问题；再通过一次次更新拉格朗日乘子，采用精确算法逐步求得拉格朗日松弛问题的最优解。因此，将 4.1 节中原问题的约束（4-2）进行松弛，允许一个客户被多辆车访问。加入一系列拉格

朗日乘子后,原问题转化为松弛问题。松弛问题的目标函数为:

$$LR = Min(\sum_{k}(\sum_{i \in V}\sum_{j \in V}x_{ijk}t_{ij} + \max_{j \in N}(r_j y_{jk})) + \sum_{i \in V}\alpha_i(\sum_{k}\sum_{j \in V}x_{ijk} - 1))$$
(4-13)

约束条件为(4-3)~(4-9)。

由松弛问题的模型可知,决策变量等没有变化,依旧需要决策各个车辆的路径。针对该松弛问题,提出其相关性质及证明。

性质 4.1:松弛问题的最优解中,每辆车的行驶路径是相同的。

证明:松弛问题的目标函数可以写为

$$LR = Min(\sum_{k}(\sum_{i \in V}\sum_{j \in V}x_{ijk}t_{ij} + \max_{j \in N}(r_j y_{jk})) + \sum_{k}\sum_{i \in V}\alpha_i\sum_{j \in V}x_{ijk} - \sum_{i \in V}\alpha_i)$$
(4-14)

$\sum_{i \in V}\sum_{j \in V}x_{ijk}t_{ij} + \max_{j \in N}(r_j y_{jk})$ 表示第 k 条路径的路径完成时间(车辆行驶时间与车辆可得时间之和),令 $T_k = \sum_{i \in V}\sum_{j \in V}x_{ijk}t_{ij} + \max_{j \in N}(r_j y_{jk})$;$\sum_{i \in V}\alpha_i\sum_{j \in V}x_{ijk}$ 表示第 k 条路径中所有客户的拉格朗日乘子之和,令 $S_k = \sum_{i \in V}\alpha_i\sum_{j \in V}x_{ijk}$,则式(4-14)可以写为

$$LR = \sum_{k}T_k + \sum_{k}S_k - \sum_{i \in V}\alpha_i = \sum_{k}(T_k + S_k) - \sum_{i \in V}\alpha_i \quad (4-15)$$

令 $M_k = T_k + S_k$,则式(15)可以写为

$$LR = \sum_{k}M_k - \sum_{i \in V}\alpha_i \quad (4-16)$$

显然,$\sum_{i \in V}\alpha_i$ 的值是一个常数,因为每一个拉格朗日乘子的值都可以由下一节中提出的公式(4-20)计算得到。因此,当所有车辆的 M_k 的值相等且最小时,式(4-16)中的 LR 的值是最小的。

也就是说，当每辆车的路径相同时，松弛问题可以得到最优解。因此，松弛问题的最优解中，每辆车的行驶路径是相同的。

根据性质 4.1，每辆车具有相同的路径完成时间，则原问题可以被划分为 K 个相同的子问题。变量 x_{ijk} 与 y_{ik} 分别被 x_{ij} 与 y_i 取代。于是，式（4-14）可以写为

$$LR = Min(K(\sum_{i \in V}\sum_{j \in V} x_{ij}t_{ij} + \max_{j \in N}(r_j y_j)) + K\sum_{i \in V}\alpha_i \sum_{j \in V} x_{ij} - \sum_{i \in V}\alpha_i) \quad (4-17)$$

接着，(4-17) 可以被写为

$$LR = Min(K(\sum_{i \in V}\sum_{j \in V}(t_{ij} + \alpha_i)x_{ij} + \max_{j \in N}(r_j y_j)) - \sum_{i \in V}\alpha_i) \quad (4-18)$$

每当将一个客户 j 插入到当前路径时，当前路径的车辆行驶时间与车辆可得时间都需更新。通常，路径可得时间会增加或者不变。令 $R_{current}$ 表示当前路径的可得时间，当 x_{ij} 的值等于 1，若客户 j 的订单可得时间大于 $R_{current}$，则该路径的可得时间会增加；否则，该路径的可得时间保持不变。于是，式（4-18）可以写为

$$LR = Min(K(\sum_{i \in V}\sum_{j \in V}(t_{ij} + \alpha_i + max(0, r_j - R_{current}))x_{ij} - \sum_{i \in V}\alpha_i) \quad (4-19)$$

令 $c_{ij} = t_{ij} + \alpha_i + max(0, r_j - R_{current})$，表示松弛问题中点 i 到点 j 的行驶时间。因为 K 与 α_i 都是常数，故每个子问题都可以看作一个最短路径问题。(Handler and Zang, 1980; Desrosiers et al., 1995)。下面将讨论最短路径问题的求解方法与拉格朗日乘子更新的算法。

1) 标签算法求解最短路问题

一种基于动态规划的标签算法（Desrosiers et al., 1995）被用于解决上文提出的最短路问题。在该标签算法中，每个标签包含三

个元素，第一个元素是车辆访问当前客户时总的行驶时间，第二个元素是车辆装载当前客户订单后总的装载量，第三个元素是当前客户的前点及前点所在的路径索引。对于每一个客户点i，都拥有多个标签。每个标签可以用（T_i^L，$currentQuantity$（i，L），$Front$（i^f，L^f））表示。T_i^L 与 $currentQuantity$（i，L）分别表示第 L 条路径上从 o 到 i 车辆的行驶时间与装载量。在第 L 条路径上，i^f 表示 i 的前一个点；L^f 从 o 到 i^f 的路径索引。Q_i 表示点 i 所有的标签集合；P_i 表示在动态规划求解过程中点 i 已经使用的标签集合；U_i 表示点 i 剩余的标签集合。N 表示客户点的集合。o 与 d 分别表示车辆的出发和返回点。V 包含了所有的客户点与出发和返回点。Γ（i）表示点 i 的下一个点，为了避免子循环，已经存在于从 o 到 i 的路径中的点不能作为 Γ（i）点 i 的下一个点。

与 Desrosiers et al.（1995）类似，本书定义两个标签 $label$1 与 $label$2：

$label$1 =（T_i^{L1}，$currentQuantity$（i，$L1$），$Front$（i^f，$L1^f$））；

$label$2 =（T_i^{L2}，$currentQuantity$（i，$L2$），$Front$（i^f，$L2^f$））。

若 T_i^{L1} < T_i^{L2} 且 $currentQuantity$（i，$L1$）< $currentQuantity$（i，$L2$），则 $label$1 优于 $label$2。即，当标签 $label$1 的装载量与行驶时间均小于标签 $label$1 时，$label$1 才优于 $label$2。

令 EFF（T_i^L，$currentQuantity$（i，L），$Front$（i^f，$L1^f$））表示点 i 的一系列标签，动态规划求解最短路径问题的步骤如下：

（1）初始化。

Q_0 = {T_0^1 = 0，$currentQuantity$（0，1）= 0，$Front$（0，1）=（0，0）}；Q_i = $\emptyset$，$\forall$ $i \in N \cup \{d\}$；P_i = $\emptyset$，$\forall$ $i \in V$。

(2) 选择下一个节点 i^*。从集合 $U_i \in (Q_i/P_i)$，$\forall_i \in N \cup \{0\}$ 中选择具有最小装载量 $currentQuantity(i^*, L^*)$ 的标签 $(T_i^{L^*}, currentQuantity(i^*, L^*), Front(i^{f*}, L^{f*}))$，若 $U_i \in (Q_i/P_i) = \emptyset$，$\forall_i \in N \cup \{0\}$ 则跳到步骤（4）；否则继续到步骤（3）。

(3) 为所有的 $j \in \Gamma(i^*)$ 处理标签 $(T_i^{L^*}, currentQuantity(i^*, L^*), Front(i^{f*}, L^{f*}))$。

$$Q^j = EFF(f_{i*j}(T_i^{L^*}, currentQuantity(i^*, L^*), Front(i^{f*}, L^{f*})) \cup Q_j);$$
$$P_i = P_i \cup \{(T_i^{L^*}, currentQuantity(i^*, L^*), Front(i^{f*}, L^{f*}))\};$$

其中，$f_{i*j}(T_i^{L^*}, currentQuantity(i^*, L^*), Front(i^{f*}, L^{f*}))$ 表示在节点 i^* 的第 L^* 个标签基础上，为节点 $j \in \Gamma(i^*)$ 生成新的标签。

当 $currentQuantity(j, L) \leq VehicleCapacity$，令

$$f_{i*j}(T_i^{L^*}, currentQuantity(i^*, L^*), Front(i^{f*}, L^{f*})) =$$
$$(T_j^L, currentQuantity(j, L), Front(j^f, L^f))$$

其中，$T_j^L = T_i^{L^*} + c_{i*j}$，$currentQuantity(j, L) = currentQuantity(i^*, L^*) + D_j$（$D_j$ 表示点 j 的需求量）；

当 $currentQuantity(j, L) > VehicleCapacity$，$f_{i*j}(T_i^{L^*}, currentQuantity(i^*, L^*), Front(i^{f*}, L^{f*}))$ 是空的，返回步骤2。

(4) 找到最短路。从点 d 所有的标签中，寻找具有最小的行驶时间的标签，从该标签开始依次推导所有的前点，从而组成最短路径。

2）次梯度法更新拉格朗日乘子

Held et al.（1974）与 Fisher（1981）均提出在拉格朗日松弛

算法中,可采用操作性强的次梯度法来更新拉格朗日乘子。给定一系列拉格朗日乘子的初始值 u_0,则次梯度法在第 t 次更新拉格朗日乘子时的原则为:$u^{t+1} = u^t + v_t(Ax-b)$,$(Ax-b)$ 表示被放松的约束,v_t 表示步长。Kohl 和 Madsen(1997)、Imai et al.(2007)及 Li et al.(2014)均采用了次梯度法来更新拉格朗日乘子,如公式(4-20)所示,其综合考虑了上下界的值及决策变量的解等因素。

$$\alpha_i^{t+1} = \alpha_i^t + \frac{\mu_n^*(UB-LB)}{\sum_{i=1}^{n}(K\sum_{j=1}^{n+1}x_{ij}-1)^2} \times (K\sum_{j=1}^{n+1}x_{ij}-1) \quad (4-20)$$

上述公式中,所有的拉格朗日乘子的初始值设为 0。$\frac{\mu_n^*(UB-LB)}{\sum_{i=1}^{n}(K\sum_{j=1}^{n+1}x_{ij}-1)^2}$ 表示步长,t 表示迭代次数,UB 表示用 GTS 算法获得的原问题的优化解;LB 表示动态规划算法每一次迭代获得的下界值;μ_n 满足 $0 < \mu_n \leq 2$,μ_n 的初始值设为 2,每当下界值不能得到提高时,令 $\mu_n = \mu_n/2$。拉格朗日算法的迭代次数设为 1000 次。通过前期实验发现有些算例的迭代次数并不需要 1000 次。在有些算例中,当 μ_n 的值减少到一定程度,LR 的值就不再增加。因此,若 LR 的值在某个 μ_n 及随后的 $\mu_n/2$ 的情况下均不能得到更新,则终止该算例的计算。根据实验结果,拉格朗日算法在算法初期收敛很快,到中后期则收敛非常缓慢,这种收敛情况与 Kohl 和 Madsen(1997)的发现是一致的。

4.4.2 一种基于 CVRP 经典算例最优解的算法

为了衡量拉格朗日松弛算法求解原问题下界的质量,本书基于有容积限制的车辆路径问题（Capacitated Vehicle Routing Problem，CVRP）经典算例的最优解提出了另一种求解下界的算法。CVRP经典算例及其最优解来源于网址 www.branchandcut.org，在该经典算例的基础上加入订单可得时间生成了本研究问题的测试算例。CVRP经典算例的目标是最小化总的车辆行驶时间。因此，CVRP经典算例的最优解可以作为本章问题的下界，若在此最优解基础上，加上车辆可得时间的下界值，则更加接近于本研究问题的最优解。

为了获得车辆可得时间的下界值，将所有订单按可得时间的非升序排列，然后按此序列将订单依次分配到第一辆空车中，当某个订单分配给该辆车后，总载量超出了该车辆的容积，这里依旧将该订单分配给该辆车，然后再开始使用下一辆空车。这样将可得时间较大的订单放在一起运输，且放松了车辆容积约束，保证了每辆车的出发时间都不大于实际的出发时间，从而得到车辆可得时间的下界值。这样，CVRP经典算例的最优解与车辆可得时间下界值的和即可以作为本章研究问题的下界值。将此方法标记为 LB-CVRP 方法；并将拉格朗日松弛算法标记为 LB-LR 算法。

为了更好地理解该算法，举一例加以说明：给定8个客户与3辆车，每个客户有一个相应的订单，每辆车具有相同的容积为10。

(1) 订单的需求量和可得时间，见表4-1。

表4-1 订单的需求量和可得时间

订单编号	1	2	3	4	5	6	7	8
需求量	3	5	1	2	6	4	5	2
可得时间	5	3	6	7	9	2	4	1

（2）将订单按可得时间大小排序，见表4-2。

表4-2 订单按可得时间排序

订单编号	5	4	3	1	7	2	6	8
需求量	6	2	1	3	5	5	4	2
可得时间	9	7	6	5	4	3	2	1

（3）将订单依次分配给车辆，允许每辆车超载一个订单：第一辆车装载的订单为5、4、3、1，其车辆可得时间为9；第二辆车装载的订单为7、2、6，其车辆可得时间为4；第三辆车装载的订单为8，其车辆可得时间为1；所有车辆可得时间之和为14。

在实际中，车辆不允许超载，而且可得时间较大的订单不一定会装载到同一辆车；显然，第二辆车的可得时间必然大于4；第三辆车的可得时间必然大于1。因此，在该算例中，按LB-CVRP方法所求的所有车辆可得时间之和14是一个下界。

4.5 实验结果分析

在本节中，一种已有文献中的遗传算法（Vallada and Ruiz, 2011）及上文提出的两种求下界算法均被用来衡量本研究提出的GTS算法的质量。所有的算法采取C++编程，电脑配置为2.8 GHz CPU与2 GB RAM。

4.5.1 算例生成

现有文献中没有直接的数据，本研究构造了两类数据。第一类数据基于已知的CVRP经典算例，来源于网址www.branchandcut.org，采用 A、B 和 P 三组共 72 个算例，具体数值见本书附录。每一个算例中包含 18～100 个客户与 2～15 辆车。客户数目、客户坐标、客户需求（订单大小）、车辆数目及车辆容积均保持不变。第二类数据是随机生成的六个小规模算例，每个算例中包含 5～10 个客户与 2 辆车。每辆车的容积为 20。客户需求从 [1，10] 中随机生成一个整数；每个算例中总的客户需求不超出 40。客户点横纵坐标从 [0，50] 中随机生成。为方便计算，令客户点之间的行驶时间等于其行驶距离。每个客户订单的可得时间在 [1/8，1/4] ×t/k 内随机生成；t 表示车辆从客户 1 开始依次行驶到 n 的时间，k 表示车辆数目。

4.5.2 小规模算例求解

采用 CPLEX 软件来求解小规模算例，以验证 4.2 节建立的数学模型是否正确，同时衡量 GTS 是否有效。需要注意的是，4.2 节中数学模型的约束（4-6）是一个非线性约束，在采用 CPLEX 求解时，需将其转化为线性约束。因此，引入一个新的变量 F_{jk}，$F_{jk} = r_j y_{jk}$。然后，用两个新的约束 $r_j \leq F_{jk} + M(1 - y_{jk})$ 与 $0 \leq F_{jk} + M y_{jk}$ 来取代约束（4-6）；M 是一个很大的数。表 4-3 表示分别用 CPLEX 与 GTS 算法求解得到的小规模算例的解。"Case" 列表示算例的名称，"n" 表示客户点的数目，"k" 表示车辆的数目。结果表明 CPLEX 软件与 GTS 算法均能获得小规模算例的最优解，且对于所有算例的平均计算时间来说，GTS 算法优于 CPLEX 软件。

表 4-3　CPLEX 与 GTS 算法求解得到的小规模算例的解

Case	CPLEX		GTS		
	Objective	Time（s）	Objective	Time（s）	Optimal？
Small-n5-k2	126	3	126	2	Yes
Small-n6-k2	184	3	184	2	Yes
Small-n7-k2	196	6	196	2	Yes
Small-n8-k2	248	6	248	2	Yes
Small-n9-k2	288	10	288	2	Yes
Small-n10-k2	277	25	277	2	Yes

4.5.3　大规模算例求解

为了进一步衡量 GTS 算法的有效性，采用一种已有的遗传算法来求解 A、B 与 P 三组的 72 个算例。该遗传算法被 Vallada 和 Ruiz（2011）用于解决平行机器的生产调度问题。该生产调度问题与本研究的问题有许多相似之处，例如订单在哪台机器生产对应于本问题的订单由哪辆车运输，订单的生产顺序对应于本问题的订单的运输顺序等。Vallada 和 Ruiz（2011）在遗传算法的两个父代的交叉操作中，规定只有两个父代中相同机器的工件之间才可以进行重新插入操作，本书则做了一些改进，认为不仅两个父代相同机器的工件之间可以进行重新插入操作，而且两个父代不同机器的工件之间也可以进行重新插入操作。显然，改进后的交叉操作扩大了解的搜索空间，增加了获得最优解的机会。该算法其余操作保持不变，种群大小设为 80，用于选择机制中的"Pressure"设为 10，交叉和变异率均设为 0.5，局部搜索的概率设为 1。

表 4-4 两种启发式算法与两种下界算法的计算结果（A）

CASE	GTS		GA		LB-LR	LB-CVRP	GAP1 (%) (Z2-Z1)/Z2×100%	GAP2 (%) (Z1-LB1)/Z1×100%	GAP3 (%) (LB1-LB2)/LB1×100%
	Z1	T1(s)	Z2	T2(s)	LB1	LB2			
A-n32-k5	1233	3	1242	8.0	1162	1141	0.72	5.76	1.84
A-n33-k5	862	3	887	8.0	845	825	2.82	1.97	2.42
A-n33-k6	1344	3	1367	8.0	1314	1252	1.68	2.23	4.95
A-n34-k5	1202	3	1237	9.0	1163	1125	2.83	3.24	3.38
A-n36-k5	1220	3	1257	9.0	1161	1133	2.94	4.84	2.47
A-n37-k5	1017	3	1037	10.0	977	941	1.93	3.93	3.83
A-n37-k6	1359	3	1396	10.0	1341	1286	2.65	1.32	4.28
A-n38-k5	1226	3	1252	10.0	1212	1140	2.08	1.14	6.32
A-n39-k5	1334	4	1356	10.0	1305	1227	1.62	2.17	6.36
A-n39-k6	1329	4	1340	10.0	1270	1235	0.82	4.44	2.83
A-n44-k6	1485	5	1521	11.0	1407	1369	2.37	5.25	2.78
A-n45-k6	1592	5	1652	11.0	1519	1467	3.63	4.59	3.54
A-n45-k7	1666	5	1692	13.0	1582	1555	1.54	5.04	1.74
A-n46-k7	1478	5	1552	13.0	1411	1356	4.77	4.53	4.06
A-n48-k7	1657	5	1687	14.0	1570	1517	1.78	5.25	3.49
A-n53-k7	1688	7	1720	16.0	1593	1529	1.86	5.63	4.19
A-n54-k7	1868	7	1932	17.0	1738	1744	3.31	6.96	-0.34
A-n55-k9	1699	7	1748	17.0	1589	1573	2.80	6.47	1.02
A-n60-k9	2103	9	2119	20.0	1923	1948	0.76	8.56	-1.28
A-n61-k9	1776	10	1818	20.0	1609	1583	2.31	9.40	1.64
A-n62-k8	2111	9	2123	20.0	1901	1913	0.57	9.95	-0.63
A-n63-k9	2477	10	2532	22.0	2230	2244	2.17	9.97	-0.62
A-n63-k10	2082	10	2071	21.0	1885	1896	-0.53	9.46	-0.58
A-n64-k9	2145	10	2187	22.0	1965	1961	1.92	8.39	0.20
A-n65-k9	1986	10	2001	22.0	1814	1793	0.75	8.66	1.17
A-n69-k9	2067	12	2108	25.0	1883	1863	1.94	8.90	1.07
A-n80-k10	2781	20	2943	30.0	2510	2530	5.50	9.74	-0.79
Average	1659	7	1695	15	1551	1524	2.13	5.85	2.20

表 4-5 两种启发式算法与两种下界算法的计算结果（B）

CASE	GTS		GA		LB-LR	LB-CVRP	GAP1 (%)	GAP2 (%)	GAP3 (%)
	Z1	T1 (s)	Z2	T2 (s)	LB1	LB2	$(Z2-Z1)/Z2 \times 100\%$	$(Z1-LB1)/Z1 \times 100\%$	$(LB1-LB2)/LB1 \times 100\%$
B-n31-k5	914	3	913	7	832	877	-0.11	8.97	-5.13
B-n34-k5	1131	3	1135	8	1078	1083	0.35	4.69	-0.46
B-n35-k5	1492	3	1512	9	1345	1394	1.32	9.85	-3.52
B-n38-k6	1205	3	1209	10	1098	1131	0.33	8.88	-2.92
B-n39-k5	917	4	959	10	878	852	4.38	4.25	3.05
B-n41-k6	1322	4	1335	11	1291	1218	0.97	2.34	5.99
B-n43-k6	1153	5	1159	12	1091	1067	0.52	5.38	2.25
B-n44-k7	1383	5	1414	12	1290	1283	2.19	6.72	0.55
B-n45-k5	1377	6	1388	12	1331	1237	0.79	3.34	7.60
B-n45-k6	1084	7	1086	13	1036	1000	0.18	4.43	3.60
B-n50-k7	1353	6	1365	15	1243	1229	0.88	8.13	1.14
B-n50-k8	1843	8	1856	15	1716	1742	0.70	6.89	-1.49
B-n51-k7	1621	7	1666	15	1561	1518	2.70	3.70	2.83
B-n52-k7	1400	10	1409	15	1278	1275	0.64	8.71	0.24
B-n56-k7	1318	9	1354	18	1206	1183	2.66	8.50	1.94
B-n57-k7	2143	10	2146	18	1914	1808	0.14	10.69	5.86
B-n57-k9	2247	9	2268	21	1973	2087	0.93	12.19	-5.46
B-n63-k10	2340	9	2329	24	2043	2128	-0.47	12.69	-3.99
B-n64-k9	1511	9	1522	28	1368	1370	0.72	9.46	-0.15
B-n66-k9	1971	9	1978	29	1790	1840	0.35	9.18	-2.72
B-n67-k10	1822	12	1830	29	1586	1612	0.44	12.95	-1.61
B-n68-k9	2154	15	2206	23	1918	1969	2.36	10.96	-2.59
B-n78-k10	2193	16	2246	36	1984	1987	2.36	9.53	-0.15
Average	1561	8	1578	17	1428	1430	1.10	7.93	0.21

表 4-4 至表 4-6 给出了针对 A、B 和 P 三组算例，分别用 GTS 算法与遗传算法（GA）得到的本章问题的解以及两种下界方法 LB-LR 与 LB-CVRP 得到的下界解。Z1 和 Z2 两列分别表示 GTS 算法与 GA 算法求得的解；T1 和 T2 两列分别表示 GTS 算法与 GA 算法的计算时间。LB1 和 LB2 两列分别表示 LB-LR 算法与 LB-CVRP 算法求得的下界解。GAP1 表示 GA 算法与 GTS 算法得到的解之间的差距百分比，$GAP1 = 100\% \times \frac{(GA - GTS)}{GA}$；GAP1 的值为正数时，说明 GTS 算法优于 GA 算法。GAP2 表示 GTS 算法与 LB-LR 算法得到的结果之间的差距百分比，$GAP2 = 100\% \times \frac{(GTS - LB1)}{GTS}$；GAP2 的值越小，说明 GTS 算法的效果越好。GAP3 表示 LB-LR 算法与 LB-CVRP 算法得到的结果之间的差距百分比，$GAP3 = 100\% \times \frac{(LB1 - LB2)}{LB1}$；GAP3 的值为正数时，说明 LB-LR 算法优于 LB-CVRP 算法。

表 4-6 两种启发式算法与两种下界算法的计算结果（P）

CASE	GTS		GA		LB-LR	LB-CVRP	GAP1（%）	GAP2（%）	GAP3（%）
	Z1	T1(s)	Z2	T2(s)	LB1	LB2	(Z2-Z1)/Z2×100%	(Z1-LB1)/Z1×100%	(LB1-LB2)/LB1×100%
P-n16-k8	508	1	520	4	504	502	2.31	0.79	0.40
P-n19-k2	325	1	346	4	321	309	6.07	1.23	3.88
P-n20-k2	323	2	324	4	322	315	0.31	0.31	2.22
P-n21-k2	321	2	330	5	320	301	2.73	0.31	6.31
P-n22-k2	328	2	335	5	327	314	2.09	0.30	4.14
P-n23-k8	638	2	630	5	630	609	-1.27	1.25	3.45

续表

CASE	GTS		GA		LB-LR	LB-CVRP	GAP1 (%)	GAP2 (%)	GAP3 (%)
	Z1	T1 (s)	Z2	T2 (s)	LB1	LB2	(Z2−Z1)/Z2×100%	(Z1−LB1)/Z1×100%	(LB1−LB2)/LB1×100%
P-n40-k5	699	3	716	11	675	650	2.37	3.43	3.85
P-n45-k5	795	5	816	13	779	744	2.57	2.01	4.70
P-n50-k7	825	6	857	15	780	769	3.73	5.45	1.43
P-n50-k8	944	8	975	15	868	854	3.18	8.05	1.64
P-n50-k10	978	7	1001	15	895	916	2.30	8.49	−2.29
P-n51-k10	1046	8	1047	16	970	968	0.10	7.27	0.21
P-n55-k7	869	8	893	17	812	805	2.69	6.56	0.87
P-n55-k8	888	8	908	15	885	881	2.13	0.29	0.73
P-n55-k10	1015	8	1025	21	902	933	0.98	11.13	−3.32
P-n60-k10	1143	11	1152	19	1019	1053	0.78	10.85	−3.23
P-n60-k15	1338	12	1369	20	1206	1240	2.26	9.87	−2.74
P-n65-k10	1203	15	1240	22	1077	1100	2.98	10.47	−2.09
P-n70-k10	1320	23	1336	24	1156	1176	1.20	12.42	−1.70
P-n76-k4	1106	23	1109	27	1035	984	0.27	6.42	5.18
P-n76-k5	1116	27	1140	27	1000	997	2.11	10.39	0.30
P-n101-k4	1241	35	1222	45	—	1084	−1.55	—	—
Average	853	10	868	15	775	787	1.83	5.59	1.14

表4-7 企业方法的测试结果（A，B，P）

Case	Result	GAP (%)	Case	Result	GAP (%)	Case	Result	GAP (%)
A-n32-k5	1656	34.31	A-n65-k9	3010	51.56	B-n68-k9	3024	40.39
A-n33-k5	1264	46.64	A-n69-k9	3057	47.90	B-n78-k10	3246	48.02
A-n33-k6	1767	31.47	A-n80-k10	4203	51.13	P-n16-k8	587	15.55
A-n34-k5	1624	35.11	B-n31-k5	1152	26.04	P-n19-k2	362	11.38
A-n36-k5	1605	31.56	B-n34-k5	1788	58.09	P-n20-k2	363	12.38
A-n37-k5	1556	53.00	B-n35-k5	1857	24.46	P-n21-k2	374	16.51
A-n37-k6	1810	33.19	B-n38-k6	1682	39.59	P-n22-k2	369	12.50

续表

Case	Result	GAP(%)	Case	Result	GAP(%)	Case	Result	GAP(%)
A-n38-k5	1719	40.21	B-n39-k5	1602	74.70	P-n23-k8	699	9.56
A-n39-k5	1690	26.69	B-n41-k6	1854	40.24	P-n40-k5	983	40.63
A-n39-k6	1879	41.38	B-n43-k6	1574	36.51	P-n45-k5	1177	48.05
A-n44-k6	1960	31.99	B-n44-k7	1877	35.72	P-n50-k7	1256	52.24
A-n45-k6	2286	43.59	B-n45-k5	1895	37.62	P-n50-k8	1475	56.25
A-n45-k7	2177	30.67	B-n45-k6	1412	30.26	P-n50-k10	1513	54.70
A-n46-k7	2188	48.04	B-n50-k7	2343	73.17	P-n51-k10	1607	53.63
A-n48-k7	2317	39.83	B-n50-k8	2461	33.53	P-n55-k7	1352	55.58
A-n53-k7	2351	39.28	B-n51-k7	2737	68.85	P-n55-k8	1328	33.13
A-n54-k7	2486	33.08	B-n52-k7	2245	60.36	P-n55-k10	1566	54.29
A-n55-k9	2617	54.03	B-n56-k7	2100	59.33	P-n60-k10	1681	47.07
A-n60-k9	3021	43.65	B-n57-k7	3262	52.22	P-n60-k15	1681	25.64
A-n61-k9	2530	42.45	B-n57-k9	2918	29.86	P-n65-k10	1917	59.35
A-n62-k8	2974	40.88	B-n63-k10	3357	43.46	P-n70-k10	1935	46.59
A-n63-k9	3186	28.62	B-n64-k9	2480	64.13	P-n76-k4	1609	45.48
A-n63-k10	2832	36.02	B-n66-k9	2685	36.23	P-n76-k5	1777	59.23
A-n64-k9	3001	39.91	B-n67-k10	2867	57.35	P-n101-k4	1960	57.94

由表 4-4 至表 4-6 可以看出，对于大部分算例的下界值而言，下界算法 LB-LR 优于 LB-CVRP。对于 A 组算例，LB-LR 算法有 21 个算例优于 LB-CVRP 算法，6 个算例较劣。对于 B 组算例，LB-LR 算法有 11 个算例优于 LB-CVRP 算法，12 个算例较劣。对于 C 组算例，LB-LR 算法有 15 个算例优于 LB-CVRP 算法，7 个算例较劣。LB-CVRP 算法是基于 CVRP 问题的最优解提出的，而 LB-LR 算法优于 LB-CVRP 算法，说明 LB-LR 算法是适用于求解本章问题的下界值的。

对于客户数目在 45 以内的算例，GTS 算法与 LB-LR 算法之间的差距基本小于5%。因此，可推断LB-LR算法对于较小规模的算例可以提供较好的下界值。在本章中，拉格朗日松弛算法将原问题转化为每辆车的最短路径问题，动态规划算法求得的值乘于车辆数目才是原问题的下界值。客户数目少的算例采用的车辆数目也较少，而车辆数目越小，下界值与最优解之间的差距也就越小。对于客户数目在超出45的算例，GTS算法与LB-LR算法之间的差距基本在10%以内。对于A、B、P三组算例而言，GTS算法与LB-LR算法的平均差距分别是5.85%、7.93%与5.59%。因此，LB-LR算法可以为GTS算法提供较紧的下界。

另外，由表4-4至表4-6还可以看出，GTS算法得到的解与计算时间均优于GA算法。对于A、B和P三组算例的解，GA算法与GTS算法之间的平均差距是2.13%、1.10%与1.83%，GTS算法仅有5个算例劣于GA算法。对于A，B两组的算例，GTS算法的平均计算时间几乎只有GA算法的一半；对于C组算例，GTS算法的平均计算时间与GA算法相近。

4.5.4 与实际操作算法对比

在实际操作中，订单采取"先生产先运输"的原则，即先生产的订单先装载到可得车辆，车辆装载完毕则出发；每辆车的运输路径采取"先近后远"的原则，即先为距离近的客户运输。目前，没有获取企业的实际数据，故以前面提出的第一类数据为测试数据，用企业目前的做法与GTS算法做比较。在应用企业目前的做法时，应用局部搜索算法"US"对其路径进行改善，使得其结果更好一些。表4-7表示对A、B和P三组算例采取企业方法得到的解。

"GAP"列表示企业方法与 GTS 算法之间的差距百分比。对于所有案例的平均解，企业方法与 GTS 算法之间的差距在 40% 左右。显然，GTS 算法优于企业方法，即将订单分批与车辆路径联合决策优于其分开决策。

4.5.5 不同目标求解

为了测试本章提出的禁忌搜索算法对其他问题的效果，我们假设原问题的目标为最小化最晚订单交付时间，并将禁忌搜索算法的结果与实际操作算法做对比。表 4-8 表示在目标为最小化最晚订单交付时间的情况下，对 A、B 和 P 三组算例分别采取企业方法与 GTS 算法得到的解。Z3 和 Z4 分别表示企业方法与 GTS 算法得到的解。GAP4 表示企业方法与 GTS 算法之间的差距百分比。显然，在目标为最小化最晚订单交付时间的情况下，禁忌搜索算法依然优于企业方法，即将订单分批与车辆路径联合决策优于其分开决策。

表 4-8 对 A、B 和 P 三组算例企业方法与 GTS 算法得到的解
（最小化最晚订单交付时间）

Case	Z3	Z4	GAP4 (%)	Case	Z3	Z4	GAP4 (%)	Case	Z3	Z4	GAP4 (%)
A-n32-k5	423	362	16.85	A-n65-k9	471	402	17.16	B-n68-k9	410	359	14.21
A-n33-k5	323	273	18.32	A-n69-k9	459	423	8.51	B-n78-k10	448	356	25.84
A-n33-k6	345	287	20.21	A-n80-k10	475	410	15.85	P-n16-k8	112	107	4.67
A-n34-k5	362	289	25.26	B-n31-k5	302	277	9.03	P-n19-k2	208	188	10.64
A-n36-k5	399	360	10.83	B-n34-k5	333	298	11.74	P-n20-k2	192	176	9.09
A-n37-k5	388	261	48.66	B-n35-k5	345	390	-11.54	P-n21-k2	199	185	7.57
A-n37-k6	411	315	30.48	B-n38-k6	340	290	17.24	P-n22-k2	201	194	3.61
A-n38-k5	440	360	22.22	B-n39-k5	329	285	15.44	P-n22-k8	170	127	33.86

续表

Case	Z3	Z4	GAP4 (%)	Case	Z3	Z4	GAP4 (%)	Case	Z3	Z4	GAP4 (%)
A-n39-k5	421	388	8.51	B-n41-k6	351	308	13.96	P-n23-k8	139	138	0.72
A-n39-k6	367	321	14.33	B-n43-k6	289	239	20.92	P-n40-k5	228	182	25.27
A-n44-k6	423	155	172.90	B-n44-k7	315	276	14.13	P-n45-k5	285	199	43.22
A-n45-k6	501	400	25.25	B-n45-k5	460	366	25.68	P-n50-k7	230	207	11.11
A-n45-k7	345	301	14.62	B-n45-k6	311	296	5.07	P-n50-k8	219	218	0.46
A-n46-k7	366	301	21.59	B-n50-k7	403	369	9.21	P-n50-k10	201	159	26.42
A-n48-k7	388	360	7.78	B-n50-k8	377	349	8.02	P-n51-k10	227	167	35.93
A-n53-k7	401	355	12.96	B-n51-k7	429	350	22.57	P-n55-k7	230	187	22.99
A-n54-k7	478	399	19.80	B-n52-k7	420	336	25.00	P-n55-k10	193	149	29.53
A-n55-k9	368	321	14.64	B-n56-k7	427	321	33.02	P-n60-k10	215	202	6.44
A-n60-k9	422	352	19.89	B-n57-k7	615	430	43.02	P-n60-k15	205	154	33.12
A-n61-k9	365	324	12.65	B-n57-k9	391	326	19.94	P-n65-k10	233	194	20.10
A-n62-k8	445	381	16.80	B-n63-k10	380	349	8.88	P-n70-k10	272	231	17.75
A-n63-k9	410	380	7.89	B-n64-k9	377	317	18.93	P-n76-k4	429	398	7.79
A-n63-k10	410	301	36.21	B-n66-k9	386	333	15.92	P-n76-k5	393	329	19.45
A-n64-k9	416	352	18.18	B-n67-k10	375	305	22.95	P-n101-k4	489	461	6.07

4.6 本章小结

本章研究了给定订单加工完成时间下的生产与运输协同调度问题。假设在生产阶段,每个订单的生产完成时间已知,需要根据订单的生产完成时间来安排合适的运输路径,使得总的路径完成时间最小。对该 NP 难题,提出了一种颗粒禁忌搜索算法,采取贪婪算法与随机算法生成初始解,应用颗粒邻域来产生邻域解,提出一种简单的策略来计算邻域解的目标值,并采取了一种局部优化算法来优化邻域解。另外,为了衡量颗粒禁忌搜索算法的效果,提出一种拉格朗日松弛算法来求得原问题的下界；为了衡量拉格朗日松弛算法的效果，基于已有基础数据的最优解，提出了另外一种算法求得原问题的下界。通过试验测试，拉格朗日松弛算法优于另一种下界算法，且拉格朗日松弛算法与颗粒禁忌搜索算法的差距较小，证明了拉格朗日松弛算法是适用于解决该问题的下界的。此外，还采用一种已有的遗传算法与颗粒禁忌搜索算法做比较，实验证明本书提出的颗粒禁忌搜索算法较优。此外，该研究可以促进企业加快实施同时考虑生产与运输策略的步伐，进一步提高客户服务水平。

第5章 最小化最晚订单交付时间的生产与运输协同调度问题

5.1 引言

对许多制造企业而言,激烈的市场竞争迫使它们追求最快响应时间来作为核心竞争力。因此,为了提高企业反应速度,产品库存通常维持在一个较低的水平或者可以忽略不计。作者调研了几个相关制造企业,其以前的制造方式是生产部门先安排订单的生产,再将产品存储到仓库,再由运输部门去仓库装载运输。现在转变为按订单制造,企业在订单生产完毕后不经存储立即运往各个客户。以国内一家白色家电制造商为例,它有六类产品生产线,包括冰箱、空调、洗衣机、电视、热水器与厨具。该制造商以批发商的订单来制订生产计划,因而制造商企业内部物流、生产线与企业外部物流的操作策略都与收到的订单相关。依靠面向订单制造的生产策略,生产与运输之间直接连接,订单的响应时间由以前的30天降低到7天。另外一个例子为国内一家大型钢铁公司,面对市场激烈的竞争,目前依靠按订单制造的生产策略,订单的响应时间由以前的30

第5章 最小化最晚订单交付时间的生产与运输协同调度问题

天降低到 15 天。客户需要的产品越来越多样化，按订单制造已经被越来越多的企业采用，产品的生产与运输环节需要更好的协同调度，以实现快速响应客户需求的目的。

本章研究未给定订单加工完成时间的生产与运输协同调度问题，比给定订单加工完成时间的车辆运输问题更加复杂，当订单的加工完成时间未给定时，则不仅需要决策每辆车装载哪些订单以及每辆车的行驶路径，而且需要考虑订单的加工顺序。在本问题中，既考虑在生产阶段一台机器以恒定的生产率连续生产来自多个客户的订单，每个订单有加工时间与数量的要求；又考虑在运输阶段一系列有限数目的车辆从工厂出发，将生产完毕的产品运输到相应的各个客户，每个客户只能访问一次，每个订单不能分开运输，每辆车装载的产品数量不能超出其车辆容积。同时，假设每辆车在服务完所有的客户后不必返回工厂。该假设在开放的车辆路径问题中（Open Vehicle Routing Problem，OVRP）很常见，Sariklis 和 Powell（2000）与 Brandão（2004）在研究 OVRP 问题时指出，许多工厂自身没有车辆或车辆数目不足，会雇用外部车辆，而外部车辆在完成任务后不必返回工厂。本研究的目标函数是最小化完工时间。Chen（2005）指出在生产调度文献中，通常用完工时间（最后一个订单的生产完成时间）或平均完工时间（所有订单的生产完成时间的平均数）作为目标函数来衡量客户服务水平，并认为产品一旦生产完成立即运输到客户，即认为订单生产完成时间等于订单交付时间。在生产与运输协同调度问题中，订单的运输需要一定的时间，则目标函数中订单的交付时间还要考虑订单运输时间。因此，在本章研究的问题中，因为考虑了订单的运输时间，所以完工时间指的是完成所有订单的生产并将所有订单送达客户的时间，则本问题的目标函数也可以看作最小化最晚订单交付时间。Mastrolilli（2003）、Wang 和 Lee（2005）、Dawande et al.（2006）与 Zhong et al.（2007）等均研究了以最小化完工时间为目标的生产与运输协同调度问题，然而这些文章在运输阶段都考虑直运模式，不涉及路径优化。Li 和 Yuan（2009）与 Li et al.（2011）也以最小化完工时间为目标，虽然考虑了车辆路径优化，但是二者均考虑由一辆有容积限制的车辆进行来回多次运输，每次运输调度只需决策一辆车的行驶路径。Low et al.（2013）的研究与我们的问题比较相关，他们考虑了一个配送中心加工多种产品，然后运输到一系列零售商的问题。零售商有到货时间窗要求，同一个零售商的产品要求在一起生产，允许不同客户的产品在一辆车运输。该文章的目标也是最小化最晚订单完成时间，提出了一种动态地改变交叉或变异率的遗传算法来解决该问题。

针对未给定订单生产完成时间并以最小化最晚订单交付时间为目标的生产与运输协同调度问题，本章首先建立了数学模型；然后针对该问题的特征提出相关的性质，并在该性质的基础上提出两种订单分批的算法；再从整体与分解的角度，提出一种混合遗传算法与一种二阶段算法，分别对该问题进行求解；最后通过多种规模算例分析本章提出的算法的效果。

5.2 问题描述与数学模型

假定在一个 MTO 企业中，某工厂内一台机器以恒定的生产率 r

第5章 最小化最晚订单交付时间的生产与运输协同调度问题

连续生产来自各个客户的订单。令 $G = \{V, E\}$ 表示一个完全无向图，$V = \{0, 1, 2, \cdots\cdots, n\}$ 表示工厂与客户点的集合，其中 0 表示工厂。$N = \{1, 2, \cdots\cdots, n\}$ 表示客户，客户分别位于不同的地方。$E = \{(i, j); i, j \in V\}$ 表示边的集合，每一条边有一个非负的系数 t_{ij}，t_{ij} 表示两个客户或工厂与某个客户之间的行驶时间。每个客户有一个相应的订单，$O = \{J_1, J_2, \cdots\cdots, J_n\}$ 表示订单集合。每个订单 J_i 有一个对产品的需求量 q_i，完成该订单的产品所需加工时间为 $p_i = q_i/r$。不同客户的订单生产完成以后可以组成一批，由相同的车辆运输。现有一系列具有相同容积 Q 的车辆集合 $W = \{1, \cdots\cdots, K\}$，每辆车从工厂出发，一旦装载完毕各自的订单后立即根据预先安排好的路径运输到相应的客户。由于订单的完成时间不一样，故每辆车从工厂出发的时间也不一样。这里定义每辆车的路径完成时间等于其离开工厂的时间与路途运输时间之和，则最大的路径完成时间就是该问题的完工时间。优化目标则从最小化完工时间变换为最小化最大的路径完成时间。此外，该问题满足以下条件：

（1）生产过程中，在一个订单加工完毕之前，机器不可以加工其余的订单；

（2）运输过程中，每个客户点被且仅被访问一次；

（3）每辆车的装载量不得超出自身的容积；

（4）每辆车只有在装载完其所有的订单之后才可以离开工厂。

在介绍模型之前，先介绍以下几个变量：

x_{ijk}：假如车辆 k 访问边 (i, j)，则其值等于 1；否则等于 0。

y_{ik}：假如车辆 k 装载订单 J_i，则其值等于 1；否则等于 0。

z_{ij}：假如订单 J_i 在订单 J_j 之前生产，则其值等于 1；否则等 0。

C_i：订单 J_i 的生产完成时间。

A_i^k：车辆 k 到达客户 i 的时间。

目标函数：

$$Min(\max_{k \in W}(\sum_{i \in V}\sum_{j \in N} t_{ij}x_{ijk} + \max_{j \in N}(C_j y_{jk}))) \quad (5-1)$$

约束条件：

$$\sum_{k=1}\sum_{i=0} x_{ijk} = 1 \quad j=1, 2, \cdots\cdots, n \quad (5-2)$$

$$\sum_{j=1} x_{0jk} = 1 \quad k=1, 2, \cdots\cdots, K \quad (5-3)$$

$$\sum_{i=0} x_{ihk} - \sum_{j=1} x_{hjk} = 0 \quad h=1, 2, \cdots\cdots, n, k=1, 2, \cdots\cdots, K \quad (5-4)$$

$$\sum_{i=0}\sum_{j=1} x_{ijk} q_j \leq Q \quad k=1, 2, \cdots\cdots, K \quad (5-5)$$

$$C_i + p_j - C_j \leq (1-z_{ij}) M \quad i=0, 1, 2, \cdots\cdots, n, j=1, 2, \cdots\cdots n \quad (5-6)$$

$$\sum_{i=0}^{n} z_{ij} = 1 \quad j=1, 2, \cdots\cdots, n \quad (5-7)$$

$$\sum_{j=1}^{n+1} z_{ij} = 1 \quad i=1, 2, \cdots\cdots, n \quad (5-8)$$

$$C_0 = 0 \quad (5-9)$$

$$A_i^k + t_{ij} - A_j^k \leq (1-x_{ijk}) M \quad i=0, 1, 2, \cdots\cdots, n, j=1, 2, \cdots\cdots, n, k=1, 2, \cdots\cdots, K \quad (5-10)$$

$$A_i^k \geq 0, \quad i=0, 1, 2, \cdots\cdots, n, k=1, 2, \cdots\cdots, K \quad (5-11)$$

$$A_0^k \geq \max_{j \in N}(C_j y_{jk}), \quad k=1, 2, \cdots\cdots, K \quad (5-12)$$

$$y_{jk} = \sum_{i}^{n} x_{ijk} \quad j=1, 2, \cdots\cdots, n, k=1, 2, \cdots\cdots, K \quad (5-13)$$

$$x_{ijk} \in \{0, 1\} \quad i=0, 1, 2, \cdots\cdots, n, j=1, 2, \cdots\cdots, n, k=1, 2, \cdots\cdots, K \quad (5-14)$$

第 5 章　最小化最晚订单交付时间的生产与运输协同调度问题

$$y_{jk} \in \{0, 1\} \quad j=1, 2, \cdots\cdots, n, k=1, 2, \cdots\cdots, K \quad (5-15)$$

$$z_{ij} \in \{0, 1\} \quad i=0, 1, 2, \cdots\cdots, n, j=1, 2, \cdots\cdots n \quad (5-16)$$

目标函数 (5-1) 表示最小化最大的路径完成时间，其等于车辆离开时间与车辆运输时间之和；约束 (5-2) 表示每个客户仅仅被访问一次；约束 (5-3) 表示所有车辆仅使用一次；约束 (5-4) 表示网络流守恒；约束 (5-5) 表示每辆车的装载量不得超出其容积；约束 (5-6) ~ (5-8) 表示两个订单之间的生产关系；约束 (5-9) 表示机器的开始工作时间；约束 (5-10) ~ (5-12) 表示两个客户之间的访问关系；约束 (5-13) 表示车辆 k 必须将其装载的订单运输到所属的客户；约束 (5-14) ~ (5-16) 表示 0~1 变量。

5.3　最优解性质与订单分批算法

该生产与运输协同调度问题包含了车辆路径问题，明显是一个 NP 难题。显然，当车辆路径问题与生产调度协同考虑后，该协同问题变得更加复杂。不同的订单生产计划会造成不同的订单生产完成时间，生产完成后的订单又有多种分批装载方式，每一批订单的运输路径也有多种选择。因此，采用精确算法难以解决该问题，拟采取启发式算法求解。本节首先对该问题提出一个最优解性质，用以缩小解的搜索空间；然后基于该性质再提出两种订单分批算法，将订单分批算法用于后面提出的启发式算法中。

5.3.1　最优解性质

本章研究的生产与运输协同调度问题需同时做出两个决策：

生产调度与车辆运输路径安排。生产调度的目的是决策出所有订单的生产顺序；车辆运输路径安排的目的是将生产完成的订单分批（订单分批是指将不同的订单组成同一个运输批次），同一个批次装载到同一辆车，并决定每个订单的交付顺序，从而制定合适的行车路线。该问题的难点在于如何将该两个决策协同考虑。

假如给定了订单分批，订单的生产序列决定着每个订单的生产完成时间，继而决定了每辆车的出发时间。故对于给定的订单分批，提出一个最优解性质，并基于该最优解性质探讨对于给定的订单生产序列，如何制定有效的订单分批算法。如前文所示，订单在生产完毕后，需划分批次，同一批次的订单装载到同一车辆，该车辆的出发时间由该批次中具有最晚生产完成时间的订单决定。所以，对于给定的订单生产序列，订单批次决定了车辆的出发时间，进而影响到本章研究问题的目标函数值。

性质5.1：在以最小化完工时间为目标的单机器生产与运输协同调度问题中，若订单的分批已经给定，则一定存在一个订单生产序列 S_1，S_1 中每个订单批次中的所有订单都是连续生产的；该订单生产序列优于订单生产序列 S_2，S_2 中每个订单批次中的所有订单不一定是连续生产的。

证明：假设给定了订单分批，在一个订单生产序列中，每个批次的订单并不是连续生产的，即同一个批次的订单生产完成之前，可以生产其余批次的订单。令最晚出发的车辆为 k_{last}，则车辆 k_{last} 需要装载的有些订单的生产完成时间可能早于其余车辆的出发时间。将这些订单与其余车辆的订单交换生产顺序，使得车辆 k_{last} 的所有订单在一起连续生产并位于生产序列的末尾。这样，其余车辆的订单生产顺序可以前移，其余车辆的出发时间也可以更早。如此交换，令所有车辆的订单都在一起连续生产。最后，除了车辆 k_{last} 的出发时间保持不变，其余车辆的出发时间都会保持不变或者更早，而每辆车的行驶路径并不变化，故最大路径时间保持不变或者更小。因此，每辆车的订单在一起连续生产要优于不连续生产。例如，假设有一个订单生产序列 S，S 中属于同一辆车运载的订单不是连续生产的。

$$S = O_1^1 \cdots\cdots O_i^1 \cdots\cdots O_k^1 \cdots\cdots O_1^l \cdots\cdots O_1^{max} \cdots\cdots O_i^l \cdots\cdots O_i^{max} \cdots\cdots O_k^l \cdots\cdots O_j^1 \cdots\cdots$$
$$O_k^{max} \cdots\cdots O_j^l \cdots\cdots O_K^1 \cdots\cdots O_j^{max} \cdots\cdots O_K^l \cdots\cdots O_K^{max}$$

$O_k^1 \cdots\cdots O_k^l \cdots\cdots O_k^{max}$ 表示属于车辆 k 的订单，O_k^l 表示装载到车辆 k 的第 l 个订单；O_k^{max} 表示车辆 k 装载的所有订单中具有最大生产完成时间的订单。按上述方法交换订单在生产序列中的位置，使得每辆车的订单在一起连续生产，得到新的订单生产序列 S^{new}：

$$S^{new} = O_1^1 \cdots\cdots O_1^l \cdots\cdots O_1^{\max} \cdots\cdots O_i^1 \cdots\cdots O_i^l \cdots\cdots O_i^{\max} \cdots\cdots O_k^1 \cdots\cdots O_k^l \cdots\cdots O_k^{\max} \cdots\cdots$$
$$O_j^1 \cdots\cdots O_j^l \cdots\cdots O_j^{\max} \cdots\cdots O_K^1 \cdots\cdots O_K^l \cdots\cdots O_K^{\max}$$

由 S^{new} 可以看出除了车辆 K 的出发时间保持不变，其余车辆的出发时间变小了。可见，最大路径时间或者保持不变或者减少。因此，可得出结论，订单生产序列 S^{new} 优于订单生产序列 S。

相应地，根据性质 4.1 可知，最优解中每辆车的订单必定是连续生产的。因此，若给定了订单生产序列，则将连续生产的订单分批到一组，有利于寻找问题的最优解。基于此，对于给定的订单生产序列，本章提出了两种不同的分批算法。一种为前向的 CMAX 算法，首先对生产序列中的较晚完成生产的订单进行分批；一种后向的LEAST算法，首先对生产序列中的较早完成生产的订单进行分批。

5.3.2 CMAX 算法

给定订单生产序列，CMAX 算法将订单分批装载到各车辆，并确定各车辆的行驶路径。令最晚出发的车辆为 k_{last}，显然车辆 k_{last} 的离开时间等于订单生产序列中最后一个订单的生产完成时间。车辆 k_{last} 的总路径时间等于其离开时间与行驶时间之和。车辆 k_{last} 最后出发，可能具有最大的路径时间。因此，这里直接令车辆 k_{last} 的路径时间为所有车辆中的最大值，记为 CMAX，其余车辆的路径值不得超出该值。CMAX 算法的目的在于最小化最大车辆路径值 CMAX。图 5-1 描述了 CMAX 算法的主要步骤。

步骤 1：给定订单生产序列 S，将具有最大生产完成时间的订单装载到车辆 k_{last} 中，计算 k_{last} 的车辆路径值，记为 CMAX，将该订单从 S 中移除，得到新的订单生产序列 S'。

步骤 2：将新的订单生产序列 S' 中的剩余订单装载到其余车辆中。从第一个订单开始至最后一个，按顺序将其装载到剩余的第一辆车中，每装载一个订单，都要计算该车辆的容积与路径时间，若超出车辆容积或超出最大路径值 CMAX，则结束该车辆的装载活动，开始下一辆车的装载，直至所有订单都装载完毕或者所有车辆都使用完毕。在计算每车辆的路径时间时，采用 4.2.3 节中提出的 US 算法优化车辆行驶路径，从而优化车辆行驶时间。

步骤 3：若所有的车辆都使用完毕而订单生产序列中仍有订单没有被装载，则意味着需要增加每辆车的订单装载数目。最晚出发

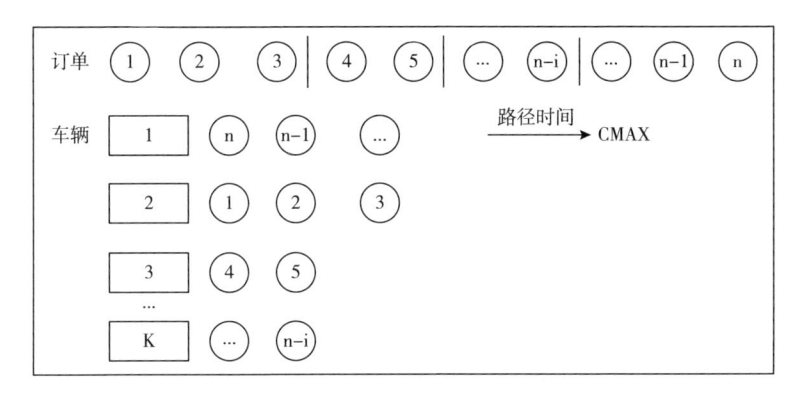

第 5 章　最小化最晚订单交付时间的生产与运输协同调度问题

订单
1
2
3
4
5
车辆
1
路径时间
CMAX
2
1
2
3
3
4
5
K

图 5－1　CMAX 算法流程

车辆 k_{last} 的路径时间 CMAX 的大小限制了其余车辆的订单装载数目，应增加车辆 k_{last} 的订单装载数目，从而提高 CMAX 的值。因此，此时放弃步骤 2 的结果，再次执行步骤 1 和步骤 2，即将新的订单生产序列 S' 中具有最大生产完成时间的订单装载到车辆 k_{last} 中，重新计算 k_{last} 的车辆路径值 CMAX 以及重新安排其余车辆的装载。

步骤 4：若所有订单都装载完毕，则 CMAX 即为整个问题的目标值。若车辆 k_{last} 的容积超载，则意味着该解为一个非可行解，令 CMAX 的值为一个极大值，以便该非可行解在以后的算法迭代中被舍弃。

5.3.3　LEAST 算法

给定订单生产序列，LEAST 算法将订单分批装载到各车辆，并确定各车辆的行驶路径。与 CMAX 算法相反，LEAST 算法首先装载订单生产序列中具有最早生产完成时间的订单。

给定订单生产序列，从第一个订单开始至最后一个订单，依次将各个订单装载到第一辆可得车辆。如果第一辆车装载的订单超出容积限制，则结束第一辆车的装载，开始第二辆车的装载。重复该过程,直至所有的订单都被装载完毕,允许最后出发的车辆超载。若最后出发的车辆超载,则出现非可行解,令该问题的最大路径值为一个极大值。若最后出发的车辆没有超载,则该解为可行解,令最后出发的车辆为车辆 K,车辆 K 装载了订单生产序列中的最后一个订单。车辆 K 由于出发时间晚,可能是所有车辆中具有最大的路径时间的车辆。故为了减小最大路径时间,车辆 K 的行驶时间应该尽量小,即车辆 K 装载的订单数目应该尽可能少。所以,在该 LEAST 算法中,除了车辆 K,每辆车需按上述过程尽可能多装载订单,以留下最少的订单给车辆 K。在计算每车辆的路径时间时,采用 4.2.3 节中提出的 US 算法优化车辆行驶路径,从而优化车辆行驶时间。

为了保证每辆车都可以被使用,对每一辆车 k 的订单装载数目 nk 做了限制,令 $0 < nk \leq (a-b+1)$,其中,a 表示未装载的订单数目,b 表示未装载的车辆数目。当 a≥b 时,每辆车至少装载 1 个订单,最多装载 (a-b+1) 个订单。这样,在装载订单时,不仅要检查车辆容积限制,还要检查订单数目限制。当 a<b 时,意味着订单数目少于车辆数目,则直接采取直运模式,每一辆车装载一个订单,剩余的车辆不予使用。例如,给定 10 个订单与 3 辆车,每辆车的容积为 10。订单大小见表 5-1。

表 5-1 订单信息

订单编号	1	2	3	4	5	6	7	8	9	10
订单大小	2	2	1	3	1	2	1	2	1	3

1)第一辆车装载

首先考虑订单装载数目约束。未装载的订单数目为 10,未装载的车辆数目为 3，则第一辆车的最大订单装载数目为（10－3＋1）即 8；剩余的两辆车，每辆车至少可以装载一个订单；车辆 1 的订单装载数目大于 1 小于等于 8。然后考虑车辆的容积约束。车辆容积为 10，故只能装载订单 1、2、3、4、5 共 5 个订单；则第一辆车装载的订单为（1、2、3、4、5）。

2）第二辆车装载

首先考虑订单装载数目约束。未装载的订单数目为 5，未装载的车辆数目为 2，则第二辆车的最大订单装载数目为 4。然后考虑车辆的容积约束。车辆容积为 10，本可以装载订单 6、7、8、9、10，然而受到订单装载数目的约束，只能装载 6、7、8、9 四个订单；则第二辆车装载的订单为（6、7、8、9）。

3）第三辆车装载

第三辆车作为最后一辆车，装载所有剩余的订单，则第三辆车装载的订单为 10。

可见，LEAST 算法在每次计算车辆容积的同时还需要考虑订单数目限制，其流程比较简单，如图 5－2 所示。

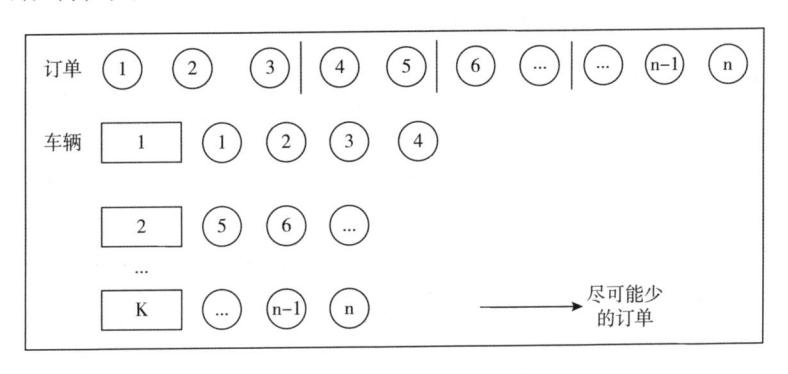

图 5－2 LEAST 算法流程

5.4 两种启发式算法

本章研究的问题为 NP 难题,其同时考虑了单机器的生产调度问题与车辆运输问题。精确算法难以解决大规模的算例,拟采用两种启发式算法来求解。一种为改进的遗传算法,从整体解决该问题的角度出发,协同考虑了生产调度问题与车辆运输问题,同时给出生产调度问题与车辆运输问题的优化解。另外一种为二阶段算法,其与改进的遗传算法相反,从分解问题的角度出发,先解决运输问题得到运输问题的优化解后,再解决生产调度问题得到生产调度问题的优化解,最后将该两个问题的优化解合并得到整个问题的优化解。

5.4.1 改进的遗传算法

本节从整体解决未给定订单加工完成时间的生产与运输协同调度问题的角度出发,提出一种改进的遗传算法,协同决策订单生产调度与车辆运输调度。根据性质 5.1,生产决策与运输决策可以较好地结合。性质 5.1 指出每辆车的订单应该在一起连续生产,因而订单生产顺序与运输批次都可以由订单生产序列来决定。于是,遗传算法中染色体的表现形式为订单生产序列,5.2 节提出的两种订单分批算法用于染色体的解码,即对订单生产序列中的订单进行分批装载,第三章中提出的 MUS 算法用于优化每辆车的运输路径。

改进的遗传算法的主要流程如图 5-3 所示。首先生成初始种群，令其为当前种群。种群中的染色体表现形式为订单生产序列，CMAX 或 LEAST 算法用于解码染色体并计算染色体适应值，MUS 算法对解码后的车辆路径进行优化。根据当前种群中染色体适应值的大小，对种群实施挑选、交叉、变异与复制等遗传操作，从而生成新的种群。重复生成新的种群，直至达到规定的次数（例如 1000 次），停止该算法。

1) 染色体的编码与解码

一条染色体由多个基因构成，一般染色体采取二进制编码形式。然而，本章研究的问题不仅包含生产调度问题，而且包含车辆运输问题。二进制编码不利于计算，这里采取实数编码形式。染色体的基因用实数表示，每个基因代表一个订单。一条染色体即为 n 个订单的全排列，其代表订单的生产顺序。例如，染色体 A =（1，2，5，4，6，3，8，7）代表客户 1~8 的订单的生产顺序，1 表示客户 1 的订单是最早开始生产的，7 表示客户 7 的订单是最晚开始生产的。

初始种群中的染色体由两种算法生成，其中有"n"条染色体用贪婪算法生成，剩余的染色体用随机算法生成。贪婪算法指定"n"条染色体的第一个基因为相互不同的订单，然后每条染色体从第一个基因开始，寻找距离最近订单作为下一个基因；如此每次都寻找与当前染色体中最后一个基因最近的订单作为下一个基因，直至每条染色体都包含"n"个基因。"距离最近"指的是订单所属的客户之间的距离最近。随机算法则是随机生成"n"个订单的全排列，每一个全排列即为一条染色体。

染色体仅给出订单的生产顺序，需要对染色体进行解码才能获

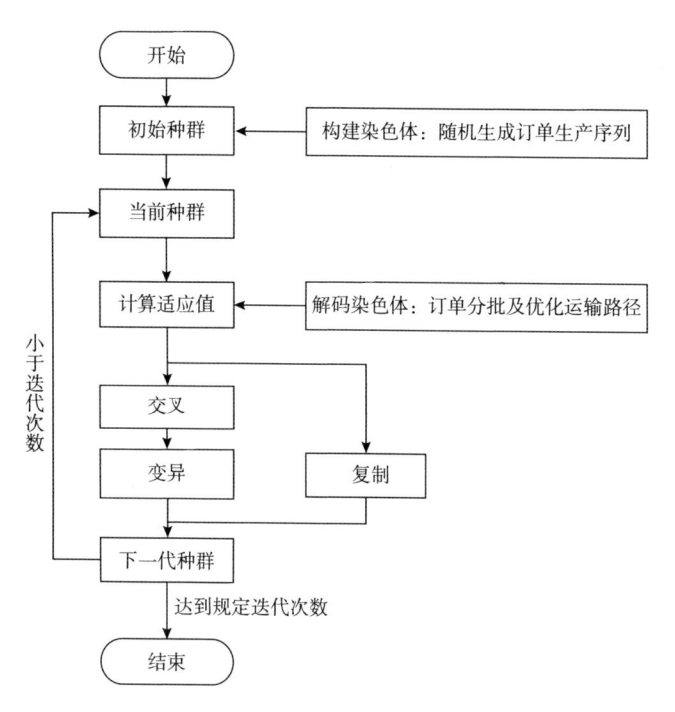

图 5-3 改进的遗传算法

得染色体的目标值,故需要根据订单生产顺序计划安排合适的运输路径。第5.2节提出的CMAX与LEAST算法被用来对染色体解码,首先将染色体中的订单分批装载到可得车辆,然后采用MUS算法对车辆的行驶路径进行优化,最后计算每条染色体的目标值,具体过程已在5.2中进行了详细说明。另外,染色体的适应值可以用与染色体目标值相关的函数来表示,这里设定染色体的适应值等于其目标值的倒数,目标值越小适应值越大。

2）选择策略

即是从当前种群中选择适应值高的染色体以进行交叉操作从而生成新的染色体。遗传算法中,一般采取"轮盘赌"的选择策略。轮盘赌方法选择染色体时,个体适应值越大则中选率较大。令每个

个体 d 的适应值为 fit_d,群体中所有个体适应值总和为 Fit,$P_d = fit_d/Fit$ 代表个体 d 的相对适应值;随机产生一个 0~1 之间的数,如果该数值在 $sum(P_1:P_d)$ 与 $sum(P_1:P_{d-1})$ 之间,则可以选取个体 d 作为一个父代。

3)遗传算子

遗传算子包括交叉、变异和复制。交叉是指根据轮盘赌策略将选中的两条染色体的基因以一定的概率进行交叉互换等操作,形成两条新的染色体;变异则是对交叉后的新个体以一定的概率进行改变,再次形成新的个体。复制则是将当前种群中的最优个体复制到新的种群中。

(1)交叉:轮盘赌算法选择两条染色体 A1 与 A2 后,按照一定的交叉率实施交叉策略。这里的交叉率指选中的两条染色体进行交叉操作的概率,设置为 0.6。然后随机选择父代 A1 的订单生产序列中的一半数目的基因复制到子代 O1 中,这些基因在子代 O1 中的位置与父代 A1 保持一致,子代 O1 中的空余位置由父代 A2 中与 O1 中不同的基因从左至右依次补齐。例如 A1 = (1, 2, 3, 4, 5, 6, 7, 8),A2 = (8, 7, 6, 5, 4, 3, 2, 1),选择 A1 中的 (1, 4, 6, 8) 加入子代 O1 中,则 O1 为 (1, x, x, 4, x, 6, x, 8)。其中,x 表示空余位置,x 的值由父代 A2 中与 O1 不同的基因 (7, 5, 3, 2) 来填充,最终完整的 O1 为 (1, 7, 5, 4, 3, 6, 2, 8),见图 5-4。子代 O2 的生成方式与 O1 类似,只是父代 A2 中一半数目的基因保持不变遗传到 O2 中。

(2)变异:交叉后生成的新染色体,以一定的变异率被选中用于实施变异操作。由于一条染色体即为所有订单的生产排列顺序,

```
父代A1: 1 2 3 4 5 6 7 8          父代A2: 8 7 6 5 4 3 2 1
         ↓                                ↑
子代O1: 1 X X 4 X 6 X 8  →  子代O1: 1 7 5 4 3 6 2 8
```

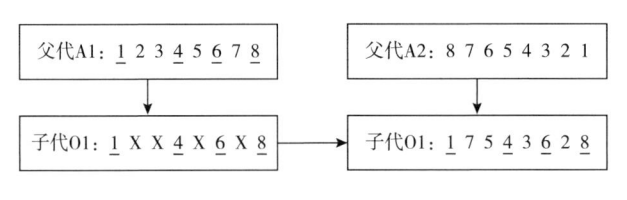

图 5-4 交叉操作

当订单的数目较多时，染色体的长度则较长，文献中常用的两点交换（Chu and Beasley, 1997；liaw, 2000；Ullrich, 2013）对染色体带来的变化比较小，本书采取四点交换的变异方法。随机选择一条染色体的四个点，其中两个点来自染色体的前半段，另外两个点来自染色体的后半段；然后将此四点随机交换得到变异后的染色体，见图 5-5。在本书中，根据多次实验将染色体变异率即对染色体进行变异的概率设置为 0.3，因为该变异的方式对染色体产生的变化较小，故变异率较大。

```
子代O1: 1 7 5 4 3 6 2 8  →  子代O1: 2 3 5 4 7 6 1 8
```

图 5-5 变异操作

（3）复制：当前种群中的最优个体直接被复制进入下一代种群，这样可以保证每一代的最优种群都能保留到下一代种群。

5.4.2 二阶段算法

本节从未给定订单加工完成时间的生产与运输协同调度问题分解的角度出发，提出了一种二阶段算法（Two Stage Algorithm，TSA）。第一阶段解决车辆路径问题，令所有订单的生产完成时间为零，将原问题看作为纯粹的有容积限制的车辆路径问题（Capacitated vehicle routing problem，CVRP）。采用禁忌算法解决该车辆路径问题,目标是最小化最大车辆路径时间。由于没有考虑生产因素,该 CVRP 问题中每辆车的路径时间等于其行驶时间。第二阶段解决订单生产调度问题,根据性质 5.1,每辆车的订单应该在一起连续生产。因此,这里将每辆车装载的订单看作为一个生产批次,生产调度只需要决策每个批次的生产顺序即可。最后,根据订单生产顺序更新每辆车的路径时间,并找出最大路径时间作为原问题的目标值。图 5-6 给出了二阶段算法的主要流程。

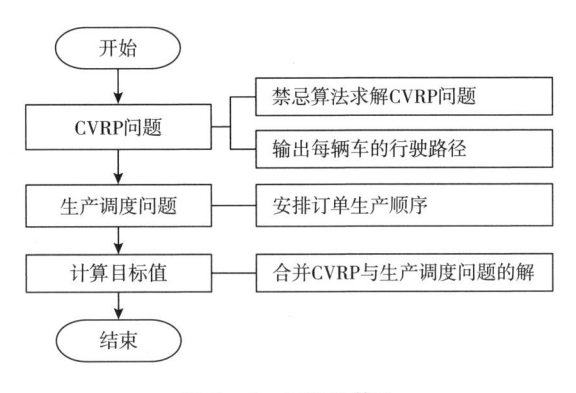

图 5-6 二阶段算法

1) 禁忌算法求解 CVRP 问题

当不考虑生产调度约束时,原问题变为一个纯粹的有容积限制的车辆路径问题(CVRP)。K 辆有容积限制的同质车,从仓库出发,为一系列位于不同地理位置的客户运输产品。目标仍是最小化最大车辆路径时间,车辆路径时间等于车辆行驶时间。禁忌算法被用于解决该 CVRP 问题,其主要步骤如下。

步骤 1:构造初始解。初始解由 K 条不同路径组成,一种贪婪算法用于生成各车辆的路径。客户按照产品需求数量的降序排列;前 K 个客户分别加入 K 条路径中,分别成为 K 条路径的第一个访问客户；剩余的客户依次寻找最近的路径加入，这里最近的路径是指该路径中最后一个客户离该剩余客户最近。初始解构建完毕后，采用第三章提出的 MUS 算法对每条路径进行优化。

步骤 2：生成邻域解。三种方式产生邻域解。第一种方式为点的插入，随机选择最长路径中的客户点插入到其余路径中；第二种方式为点的交换，将最长路径中的客户点与其余路径中的客户交换；第三种方式为片段交换，将最长路径中的片段与其余路径中的片段交换。每个邻域解由多条路径组成，每条路径可以由 5.2.3 节提出的 MUS 算法进行优化。

步骤 3：禁忌搜索。选择最好的邻域解，判断其是否被禁忌；若该邻域解被禁忌，则寻找下一个邻域解；若该邻域解没有被禁忌，则以该邻域解为当前解，产生新的邻域解。禁忌搜索的具体过程在 4.3.4 节中有详细的介绍。

2）生产调度问题

由车辆路径问题得到每辆车的行驶路径后，需要决策每辆车装载的订单的生产顺序。将每辆车装载的订单看作同一个批次，根据性质 5.1 可知，每辆车装载的订单应该在一起连续生产。由于原问题中车辆路径时间等于车辆离开工厂的时间与车辆运输时间之和。为了均衡各辆车的路径时间，本书规定在生产阶段具有最大的运输时间的车辆装载的订单最先生产，从而得到一个较小的车辆离开时间。生产调度问题的解决步骤如图 5-7 所示。

步骤 1：计算第一阶段中每辆车的行驶时间，记为 T_k；将车辆按 T_k 的降序排序。

步骤 2：决策每个批次的生产顺序。每辆车装载的订单作为一

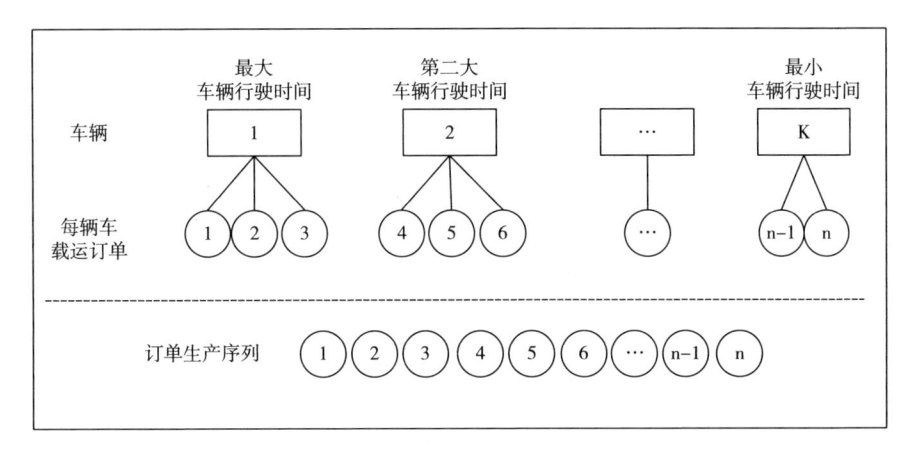

第 5 章 最小化最晚订单交付时间的生产与运输协同调度问题

图 5-7 生产调度问题解决方案

个批次，各批次的排序与对应车辆的排序一致。按批次的次序依次安排生产，使得具有最大的 T_k 的车辆装载的订单最先生产；具有最小的 T_k 的车辆装载的订单最晚生产。

步骤 3：计算每辆车离开工厂的时间，再各自与其行驶时间相加，得到每辆车的路径时间。

步骤 4：选择最大的车辆路径时间作为原问题的目标值。

5.5 实验结果分析

5.5.1 算例生成

该小节的目的是生成合理的算例，检验提出算法的效果。现有文献中没有直接的数据，与第三章类似，本书构造了两类数据。第一类数据基于已知的 CVRP 经典算例，来源于网址 www.branchandcut.org，采用 A、B 和 P 三组共 72 个算例。每一个算例中包含 18~100 个客户与 2~15 辆车。客户数目、客户坐标、客户需求（订单大小）、车辆数目及车辆容积均保持不变。第二类数据是随机生成的六组小规模算例,每组包含5个算例。每个算例中包含5~10个客户与2辆车;每辆车的容积为20。客户需求从[1, 10]中随机生成一个整数;每个算例中总的客户需求不超出40。客户点横纵坐标从[0, 50]中随机生成。在该两类数据中,为了便于计算,机器的生产率均设为1,与Geismar et al.(2008)相似。因此,每个订单的生产时间与其生产数量的值是相等的。另外,令客户点之间的行驶时间等于其行驶距离(Kohl et al., 1999)。

为了衡量提出的两种解码算法及局部算法的效果,改进的遗传算法有五种不同的组合方式:GA + CMAX、GA + LEAST、GA + MUS、GA + CMAX + MUS与GA + LEAST + MUS。GA + CMAX与GA + LEAST是指遗传算法在对染色体进行解码时,分别采用CMAX与LEAST算法,但并没有采用MUS局部优化算法;GA + MUS是指遗传算法在对染色体进行解码时,不考虑提出的性质5.1,即不要求同一辆车的订单连续生产,而是随机安排订单到各个车辆,但采用了MUS算法对车辆路径进行优化;GA + CMAX + MUS与GA + LEAST + MUS是指遗传算法在对染色体进行解码时,分别采用CMAX与LEAST算法,且均使用MUS局部算法对车辆路径进行优化。另外,Ullrich(2013)提出的遗传算法也用于求解本章的问题,与本章提出的算法做比较。上述六类遗传算法的种群大小规模均为100,迭代次数为1000次。二阶段算法中禁忌算法的迭代次数为100次。

所有的启发式算法均采取C++编程,编译环境为Visual Studio 2008;电脑配置为Intel Pentium dual-core 2.8 GHz CPU和4GB RAM。客户数目为5~10的小规模算例采用CPLEX线性软件求最优解。

5.5.2 小规模算例求解

采用 CPLEX 软件来求解小规模算例,以验证 5.2 节建立的数学模型是否正确,同时与算法 GA + CMAX + MUS、GA + LEAST + MUS 与 TSA 的解做比较。需要注意的是,5.1 节中数学模型的约束(5 - 12)是一个非线性约束,在采用 CPLEX 求解时需将其转化为线性约束。因此,引入新的变量 F_{jk},$F_{jk} = C_j y_{jk}$。然后,用两个新的约束 $C_j \leqslant F_{jk} + M(1 - y_{jk})$ 与 $0 \leqslant F_{jk} + M y_{jk}$ 来取代约束(5 - 11);M 是一个很大的数。

表 5 - 2 小规模算例的计算结果

Customer NO	Case	CPLEX				GA + LEAST + MUS		GA + CMAX + MUS		TSA	
		Optimal	UB	LB	Time (s)	Solution	Time (s)	Solution	Time (s)	Solution	Time (s)
5	n5 - k2 - 1	52	—	—	3	52	3	52	3	52	1
	n5 - k2 - 2	61	—	—	3	61	3	61	3	61	1
	n5 - k2 - 3	82	—	—	3	82	3	82	3	82	1
	n5 - k2 - 4	63	—	—	3	63	3	63	3	63	1
	n5 - k2 - 5	67	—	—	3	67	3	67	3	67	1
6	n6 - k2 - 1	74	—	—	22	74	4	74	3	74	2
	n6 - k2 - 2	79	—	—	32	79	4	79	3	79	2
	n6 - k2 - 3	76	—	—	16	76	3	76	3	77	2
	n6 - k2 - 4	85	—	—	20	85	3	85	3	85	2
	n6 - k2 - 5	67	—	—	25	67	3	67	4	75	2
7	n7 - k2 - 1	80	—	—	266	80	4	80	5	80	2
	n7 - k2 - 2	72	—	—	310	72	5	72	4	78	2
	n7 - k2 - 3	100	—	—	200	100	4	100	5	100	2
	n7 - k2 - 4	86	—	—	150	86	4	86	4	86	2
	n7 - k2 - 5	74	—	—	130	74	5	74	4	74	2

续表

Customer NO	Case	CPLEX				GA + LEAST + MUS		GA + CMAX + MUS		TSA	
		Optimal	UB	LB	Time (s)	Solution	Time (s)	Solution	Time (s)	Solution	Time (s)
8	n8-k2-1	90	—	—	4049	90	5	90	5	94	2
	n8-k2-2	94	—	—	5400	94	15	94	16	106	2
	n8-k2-3	95	—	—	3650	95	12	95	18	95	2
	n8-k2-4	85	—	—	5890	85	15	85	14	88	2
	n8-k2-5	94	—	—	6778	94	30	94	24	94	2
9	n9-k2-1	—	106	82	36004	106	15	106	26	106	2
	n9-k2-2	—	86	64	36202	86	18	86	20	96	2
	n9-k2-3	—	85	66	36982	85	16	85	16	85	2
	n9-k2-4	—	101	92	36354	101	15	101	18	119	2
	n9-k2-5	—	100	82	35467	100	16	100	15	111	2
10	n10-k2-1	—	90	74	38980	90	17	90	23	90	2
	n10-k2-2	—	100	81	41242	100	18	100	20	115	2
	n10-k2-3	—	112	81	43331	112	20	112	20	112	2
	n10-k2-4	—	97	68	40089	97	21	97	20	98	2
	n10-k2-5	—	116	84	41234	116	28	116	28	116	2

表5-2给出了采用CPLEX、GA+CMAX+MUS、GA+LEAST+MUS与TSA四种不同的方法得到的小规模算例的解。从计算结果可知，对于客户数目为5~8的小规模算例，CPLEX可以求得最优解；GA+CMAX+MUS与GA+LEAST+MUS算法的结果与CPLEX的相同，即也能获得最优解；TSA算法则只有部分算例可以获得最优解。对于客户数目为9~10的小规模算例，CPLEX只能求得下界与下界的值；GA+CMAX+MUS与GA+LEAST+MUS算法的结果与CPLEX的上界值相等；TSA算法则只有部分算例的结果与CPLEX的上界值相等，其余算例的结果高于CPLEX的上界值。从

计算时间上来看，三种启发式算法的运行时间都较短，在 30 秒以内。速度最快的是 TSA 算法，只需要 1 到 2 秒的时间。CPLEX 的运行时间则较长，且随着客户数目的增加，其运行时间急剧增长。CPLEX 最多可以解决 8 个客户的算例，对较大规模的算例，CPLEX 在 10 个小时之内不能得到最优解。综合而言，对小规模算例，改进的遗传算法比较稳定，且效果较好，优于 TSA 算法与 CPLEX 软件。

5.5.3 大规模算例求解

上一节提到在该问题中，CPLEX 软件不能为大规模的数据提供最优解，为了证明本书提出的启发式算法的高效性，也应用一种已有遗传算法（Ullrich，2013）来求解 A、B 与 P 三组的 72 个算例。Ullrich（2013）研究了平行机器的生产调度问题，提出了一种遗传算法，同时对平行机器上的订单生产顺序与车辆的运输路径进行编码，以一定的概率选择交叉、变异或复制等遗传操作中的任意一种生成新的子代。

表 5-3 至表 5-5 给出了 Ullrich（2013）提出的遗传算法（简称 Ullrich 遗传算法）、GA + CMAX、GA + LEAST、GA + MUS、GA + CMAX + MUS、GA + LEAST + MUS 与 TSA 七种启发式算法对于 A、B 与 P 三组算例的求解结果。Z0 列表示 Ullrich 遗传算法的求解结果；Z1 至 Z6 列分别表示 TSA、GA + CMAX、GA + LEAST、GA + MUS、GA + CMAX + MUS、GA + LEAST + MUS 算法的求解结果。GAP1 至 GAP6 列分别表示 TSA、GA + CMAX、GA + LEAST、GA + MUS、GA + CMAX + MUS、GA + LEAST + MUS 算法与 Ullrich 遗传算法之间的

表 5-3 A 组算例的计算结果

Case	Ullrich Z0	TSA Z1	GAP1 (%)	GA+CMAX Z2	GAP2 (%)	GA+LEAST Z3	GAP3 (%)	GA+MUS Z4	GAP4 (%)	GA+CMAX+MUS Z5	GAP5 (%)	GA+LEAST+MUS Z6	GAP6 (%)
A-n32-k5	533	531	0.38	447	16.14	448	15.95	454	14.82	447	16.14	443	16.89
A-n33-k5	519	531	-2.31	484	6.74	491	5.39	484	6.74	476	8.29	475	8.48
A-n33-k6	614	612	0.33	576	6.19	576	6.19	576	6.19	576	6.19	571	7.00
A-n34-k5	557	568	-1.97	528	5.21	525	5.75	523	6.10	522	6.28	511	8.26
A-n36-k5	564	540	4.26	480	14.89	480	14.89	480	14.89	480	14.89	467	17.20
A-n37-k5	561	494	11.94	459	18.18	455	18.89	461	17.83	443	21.03	441	21.39
A-n37-k6	638	674	-5.64	622	2.51	622	2.51	630	1.25	622	2.51	622	2.51
A-n38-k5	611	579	5.24	575	5.89	545	10.80	583	4.58	548	10.31	537	12.11
A-n39-k5	604	605	-0.17	551	8.77	545	9.77	555	8.11	545	9.77	505	16.39
A-n39-k6	626	633	-1.12	538	14.06	538	14.06	546	12.78	538	14.06	538	14.06
A-n44-k6	724	672	7.18	638	11.88	641	11.46	644	11.05	622	14.09	618	14.64
A-n45-k6	797	701	12.05	751	5.77	764	4.14	714	10.41	699	12.30	679	14.81
A-n45-k7	746	737	1.21	671	10.05	671	10.05	663	11.13	684	8.31	669	10.32
A-n46-k7	679	696	-2.50	630	7.22	629	7.36	630	7.22	630	7.22	628	7.51
A-n48-k7	725	722	0.41	673	7.17	661	8.83	668	7.86	671	7.45	646	10.90
A-n53-k7	804	775	3.61	732	8.96	735	8.58	744	7.46	713	11.32	711	11.57

第5章 最小化最晚订单交付时间的生产与运输协同调度问题

续表

Case	Ullrich Z0	TSA Z1	TSA GAP1(%)	GA+CMAX Z2	GA+CMAX GAP2(%)	GA+LEAST Z3	GA+LEAST GAP3(%)	GA+MUS Z4	GA+MUS GAP4(%)	GA+CMAX+MUS Z5	GA+CMAX+MUS GAP5(%)	GA+LEAST+MUS Z6	GA+LEAST+MUS GAP6(%)
A-n54-k7	787	788	-0.13	756	3.94	765	2.80	746	5.21	762	3.18	727	7.62
A-n55-k9	898	895	0.33	891	0.78	872	2.90	881	1.89	895	0.33	871	3.01
A-n60-k9	985	940	4.57	890	9.64	885	10.15	868	11.88	869	11.78	867	11.98
A-n61-k9	991	981	1.01	930	6.16	938	5.35	968	2.32	930	6.16	924	6.76
A-n62-k8	868	838	3.46	784	9.68	777	10.48	798	8.06	765	11.87	771	11.18
A-n63-k9	1005	965	3.98	997	0.80	990	1.49	943	6.17	935	6.97	938	6.67
A-n63-k10	1012	1018	-0.59	988	2.37	971	4.05	963	4.84	970	4.15	949	6.23
A-n64-k9	941	955	-1.49	896	4.78	896	4.78	885	5.95	896	4.78	896	4.78
A-n65-k9	1030	943	8.45	991	3.79	930	9.71	950	7.77	945	8.25	924	10.29
A-n69-k9	1006	937	6.86	890	11.53	891	11.43	908	9.74	890	11.53	883	12.23
A-n80-k10	1079	1104	-2.32	1007	6.67	1007	6.67	1004	6.95	993	7.97	987	8.53
Average	774	757	2.11	718	7.77	713	8.31	717	7.73	706	9.15	696	10.49

表 5-4 B 组算例的计算结果

Case	Ullrich Z0	TSA Z1	TSA GAP1 (%)	GA + CMAX Z2	GA + CMAX GAP2 (%)	GA + LEAST Z3	GA + LEAST GAP3 (%)	GA + MUS Z4	GA + MUS GAP4 (%)	GA + CMAX + MUS Z5	GA + CMAX + MUS GAP5 (%)	GA + LEAST + MUS Z6	GA + LEAST + MUS GAP6 (%)
B-n31-k5	465	473	-1.72	457	1.72	456	1.94	461	0.86	455	2.15	455	2.15
B-n34-k5	532	578	-8.65	525	1.32	525	1.32	526	1.13	525	1.32	525	1.32
B-n35-k5	566	569	-0.53	503	11.13	494	12.72	492	13.07	493	12.90	489	13.60
B-n38-k6	600	562	6.33	539	10.17	535	10.83	539	10.17	539	10.17	543	9.50
B-n39-k5	518	535	-3.28	483	6.76	472	8.88	470	9.27	469	9.46	462	10.81
B-n41-k6	664	626	5.72	618	6.93	619	6.78	618	6.93	616	7.23	619	6.78
B-n43-k6	604	616	-1.99	577	4.47	552	8.61	539	10.76	544	9.93	541	10.43
B-n44-k7	724	705	2.62	663	8.43	658	9.12	657	9.25	657	9.25	658	9.12
B-n45-k5	613	606	1.14	565	7.83	542	11.58	542	11.58	565	7.83	541	11.75
B-n45-k6	701	657	6.28	698	0.43	664	5.28	661	5.71	652	6.99	625	10.84
B-n50-k7	684	673	1.61	651	4.82	646	5.56	651	4.82	635	7.16	646	5.56
B-n50-k8	839	812	3.22	789	5.96	788	6.08	787	6.20	779	7.15	777	7.39
B-n51-k7	830	764	7.95	810	2.41	809	2.53	766	7.71	786	5.30	757	8.80
B-n52-k7	708	685	3.25	625	11.72	622	12.15	626	11.58	625	11.72	620	12.43
B-n56-k7	697	688	1.29	635	8.90	630	9.61	638	8.46	629	9.76	630	9.61
B-n57-k7	863	796	7.76	845	2.09	801	7.18	821	4.87	835	3.24	795	7.88

第 5 章　最小化最晚订单交付时间的生产与运输协同调度问题

续表

Case	Ullrich Z0	TSA Z1	TSA GAP1 (%)	GA+CMAX Z2	GA+CMAX GAP2 (%)	GA+LEAST Z3	GA+LEAST GAP3 (%)	GA+MUS Z4	GA+MUS GAP4 (%)	GA+CMAX+MUS Z5	GA+CMAX+MUS GAP5 (%)	GA+LEAST+MUS Z6	GA+LEAST+MUS GAP6 (%)
B-n57-k9	891	909	-2.02	856	3.93	856	3.93	853	4.26	850	4.60	850	4.60
B-n63-k10	1078	988	8.35	971	9.93	947	12.15	940	12.80	938	12.99	940	12.80
B-n64-k9	966	944	2.28	946	2.07	935	3.21	924	4.35	927	4.04	907	6.11
B-n66-k9	974	960	1.44	898	7.80	887	8.93	887	8.93	890	8.62	887	8.93
B-n67-k10	1019	963	5.50	922	9.52	922	9.52	925	9.22	922	9.52	922	9.52
B-n68-k9	956	913	4.50	889	7.01	878	8.16	868	9.21	866	9.41	867	9.31
B-n78-k10	1056	1026	2.84	980	7.20	976	7.58	973	7.86	968	8.33	959	9.19
Average	763	741	2.34	709	6.38	705	7.55	704	7.65	697	7.99	696	8.63

表 5-5　P 组算例的计算结果

Case	Ullrich Z0	TSA Z1	TSA GAP1 (%)	GA+CMAX Z2	GA+CMAX GAP2 (%)	GA+LEAST Z3	GA+LEAST GAP3 (%)	GA+MUS Z4	GA+MUS GAP4 (%)	GA+CMAX+MUS Z5	GA+CMAX+MUS GAP5 (%)	GA+LEAST+MUS Z6	GA+LEAST+MUS GAP6 (%)
P-n16-k8	277	267	3.61	258	6.86	258	6.86	258	6.86	258	6.86	258	6.86
P-n19-k2	394	390	1.02	373	5.33	369	6.35	387	1.78	373	5.33	367	6.85
P-n20-k2	397	395	0.50	377	5.04	378	4.79	378	4.79	377	5.04	375	5.54

119

续表

Case	Ullrich	TSA		GA + CMAX		GA + LEAST		GA + MUS		GA + CMAX + MUS		GA + LEAST + MUS	
	Z0	Z1	GAP1 (%)	Z2	GAP2 (%)	Z3	GAP3 (%)	Z4	GAP4 (%)	Z5	GAP5 (%)	Z6	GAP6 (%)
P - n21 - k2	377	392	-3.98	366	2.92	366	2.92	372	1.33	366	2.92	363	3.71
P - n22 - k2	410	395	3.66	374	8.78	374	8.78	392	4.39	374	8.78	374	8.78
P - n40 - k5	671	687	-2.38	646	3.73	640	4.62	664	1.04	643	4.17	640	4.62
P - n45 - k5	799	780	2.38	725	9.26	725	9.26	744	6.88	725	9.26	725	9.26
P - n50 - k7	1028	1000	2.72	970	5.64	971	5.54	977	4.96	957	6.91	967	5.93
P - n50 - k8	1057	1003	5.11	1031	2.46	1001	5.30	1015	3.97	1018	3.69	995	5.87
P - n50 - k10	995	994	0.10	967	2.81	979	1.61	978	1.71	972	2.31	969	2.61
P - n51 - k10	833	829	0.48	820	1.56	823	1.20	810	2.76	810	2.76	791	5.04
P - n55 - k7	1101	1109	-0.73	1060	3.72	1060	3.72	1077	2.18	1056	4.09	1056	4.09
P - n55 - k8	1096	1095	0.09	1055	3.74	1066	2.74	1054	3.83	1049	4.29	1049	4.29
P - n55 - k10	1085	1086	-0.09	1059	2.40	1056	2.67	1058	2.49	1056	2.67	1049	3.32
P - n60 - k10	1160	1181	-1.81	1158	0.17	1156	0.34	1160	0.00	1155	0.43	1150	0.86
P - n60 - k15	1151	1166	-1.30	1146	0.43	1146	0.43	1150	0.09	1146	0.43	1146	0.43
P - n65 - k10	1283	1271	0.94	1241	3.27	1246	2.88	1251	2.49	1237	3.59	1235	3.74
P - n70 - k10	1412	1371	2.90	1345	4.75	1341	5.03	1375	2.62	1340	5.10	1333	5.59
P - n76 - k4	1680	1510	10.12	1452	13.57	1447	13.87	1518	9.64	1448	13.81	1447	13.87
P - n76 - k5	1581	1482	6.26	1428	9.68	1435	9.23	1501	5.06	1428	9.68	1432	9.42
P - n101 - k4	1860	1628	12.47	1520	18.28	1522	18.17	1666	10.43	1520	18.28	1522	18.17
Average	983	954	2.00	922	5.45	922	5.54	942	3.78	919	5.73	916	6.14

差值比。GAP1 = ($z0 - z1$) /$z0 \times 100\%$；GAP2 = ($z0 - z2$) /$z0 \times 100\%$；GAP3 = ($z0 - z3$) /$z0 \times 100\%$；GAP4 = ($z0 - z4$) /$z0 \times 100\%$；GAP5 = ($z0 - z5$) /$z0 \times 100\%$；GAP6 = ($z0 - z6$) /$z0 \times 100\%$。

从表5-3至表5-5的结果中可以看出，对于所有算例，GA + CMAX、GA + LEAST、GA + MUS、GA + CMAX + MUS、GA + LEAST + MUS 五种遗传算法的结果均优于 Ullrich 遗传算法和 TSA 算法；对于大多数算例，TSA 算法的结果优于 Ullrich 遗传算法。对于 A、B 和 P 三组算例，GA + CMAX 和 GA + LEAST 两种算法与 Ullrich 遗传算法之间的平均差值比分别是 7.77%、6.38%、5.45% 和 8.31%、7.55%、5.54%。可见，GA + LEAST 算法略优于 GA + CMAX。对于 A、B 和 P 三组算例，GA + CMAX + MUS 和 GA + LEAST + MUS 两种算法与 Ullrich 遗传算法之间的平均差值比分别是 9.15%、7.99%、5.73% 和 10.49%、8.63%、6.14%，显然，当 GA + CMAX 和 GA + LEAST 两种算法加入 MUS 局部优化算法后，结果均变得更优，且 GA + LEAST + MUS 略优于 GA + CMAX + MUS。对于 A、B 和 P 三组算例，GA + MUS 算法与 Ullrich 遗传算法之间的平均差值比分别是 7.73%、7.65%、3.78%，若遗传算法不采用本书提出的两种染色体解码算法 CMAX 或 LEAST，仅靠优化车辆路径，其效果与 GA + CMAX + MUS 和 GA + LEAST + MUS 两种算法相比变差了，可见本书提出的两种染色体解码算法 CMAX 与 LEAST 是有效的。对于 A、B 和 P 三组算例，TSA 算法与 Ullrich 遗传算法之间的平均差值比分别是 2.11%、2.34%、2.00%，TSA 算法略优于 Ullrich 遗传算法，其有 49 个算例结果比 Ullrich 遗传算法优。

根据上述对实验数据的分析，GA + CMAX + MUS 与 GA +

LEAST + MUS 两种的效果最佳且稳定，二者明显优于 Ullrich 遗传算法。就 Ullrich 遗传算法而言，一方面，其同时对生产调度与运输路径进行随机编码，没有考虑二者之间的关联，在本问题中就可能导致每辆车离开工厂的时间都较大，从而造成较大的路径时间；另一方面，其在生成子代时，对父代随机采取交叉、变异、复制遗传操作中的任意一种，且其变异方法主要是单个点的删除与重新插入，在解决本章研究的问题时，父代按此方法实施遗传操作后，染色体结构产生的变化较小，造成新的群体中个体的多样性特征并不明显，导致最终结果远劣于 GA + CMAX + MUS 与 GA + LEAST + MUS。相比之下，GA + CMAX + MUS 与 GA + LEAST + MUS 在染色体的编码与解码时，协同考虑了生产调度与运输路径之间的关系，提出了最优解的相关性质且将其应用到解码算法 CMAX 与 LEAST 中，并采取了局部优化策略，对每一条车辆运输路径进行了优化；另外，GA + CMAX + MUS 与 GA + LEAST + MUS 在生成子代时，先对父代染色体采取交叉的策略，再对交叉后的子代进行变异策略，如此操作就几乎完全打乱了父代染色体的原始排列顺序，大大改变了父代染色体的基因排列，故个体的多样性比较丰富，拓展了更多的可搜索空间。

实验结果也表明了 GA + LEAST + MUS 算法略优于 GA + CMAX + MUS 算法。原因在于 CMAX 方法在解码染色体时，必须保证最晚离开的车辆具有最大的路径时间且所有订单都可以被装载完毕，这就导致最晚离开的车辆可能需要超载才能完成任务，减少了算例的可行解。而 LEAST 算法则没有最大路径时间的限制，从而可行解的搜索空间更大。另外，GA + LEAST + MUS 与 GA + CMAX + MUS

算法均优于 GA+CMAX、GA+LEAST、GA+MUS 算法，表明了我们提出的解码算法 CMAX 与 LEAST 及局部优化算法 MUS 都是有效的。此外，我们提出的五种遗传算法均优于二阶段算法 TSA，表明从整体的角度出发，协同解决生产调度与车辆路径问题比分开解决这两个问题更加有效。值得一提的是，根据表 5-6 所知，二阶段算法 TSA 的运行速度非常快，平均每个算例的计算时间只需要几秒钟。最后，二阶段算法 TSA 略优于 Ullrich 遗传算法，二者均没有关注生产调度与车辆路径协同的内在联系，故均劣于改进的遗传算法。

表 5-6　七种启发式算法的平均运行时间

单位：秒

Group	Ullrich	TSA	GA+CMAX	GA+LEAST	GA+MUS	GA+CMAX+MUS	GA+LEAST+MUS
A	20	2	55	44	124	145	136
B	23	3	54	47	138	164	151
P	23	3	69	46	120	168	135

5.6　本章小结

本章研究了未给定订单加工完成时间的生产与运输协同调度问题。生产阶段需要决策订单在单机器的生产顺序，运输阶段需要决策订单的装载与车辆运输路径，目标为最小化最大订单完成时间，即完工时间。对该 NP 难题，首先提出一个最优解性质，基于此性质提出两种订单分批算法，并将 3.2.3 节中提出的局部优化算法 MUS 用于优化车辆路径。然后，从协同考虑生产调度与车辆路径的角度，提出了改进的遗传算法；并从分别决策生产调度与车辆路径的角度提出了一种二阶段算法，先解决车辆运输问题，再解决生产调度问题。实验证明，改进遗传算法优于二阶段算法及已有的一种遗传算法，且本书提出的订单分批算法及局部优化算法是有效的。该研究证明企业协同考虑生产与运输调度问题要优于分开考虑该两个问题，协同调度更加有利于提高客户服务水平。

第6章 最小化所有订单交付时间之和的生产与运输协同调度问题

6.1 引言

Chen（2005，2010）指出最晚订单交付完成时间与所有订单交付时间之和均可作为目标函数来衡量客户服务水平。第五章已经研究了以最小化最晚订单交付时间为目标的未给定订单加工完成时间的生产与运输协同调度问题，本章将继续研究未给定订单加工完成时间的生产与运输协同调度问题，目标是最小化所有订单交付时间之和，以便从另一个角度来衡量企业的客户服务水平。Campbell et al.（2008）指出以成本最小的目标函数在一定程度上无法准确地反映服务速度和服务质量，例如灾难后的物资运输等。企业供应链大多关注运营成本，而公共及救援供应链却更加注重客户的服务质量，通常以最小化所有客户得到服务的时间之和为目标，力争使得所有客户都可以迅速得到服务和支援。

Ngueveu et al.（2010）、Salehipour et al.（2011）、Ribeiro 和 Laporte（2012）、Ke 和 Feng（2013）、Lysgaard 和 Wøhlk（2014）、

Luo et al.（2014）及 Rivera et al.（2015）等均研究了以最小化所有客户接受服务的时间之和为目标的有容积的车辆路径问题（Cumulative Capacitated Vehicle Routing Problem，CCVRP），这些研究假设所有产品在仓库是可得的，并没有考虑产品的生产时间。本章研究的问题则将运输与生产协同考虑，从整个供应链的角度来优化客户服务水平，考虑所有产品在运输初始阶段不可得，需完成生产才能运输。现有文献对这类问题的研究并不多，Lee 和 Chen（2001）研究了多机器生产与车辆运输协同调度问题，有限数目有限容积的车辆负责运输，分别以最小化完工时间与最小化所有订单交付时间之和为目标，但该文献仅考虑了单客户或多个客户位于相近的位置，不需要考虑路径优化。Li et al.（2005）研究了单机器生产与车辆运输协同调度的问题，以最小化每个订单交付时间之和为目标。而在该问题中，订单生产顺序是固定的，不需要优化生产调度。仅一台有容积的车辆负责给多个客户运输产品，车辆可来回多次运输；且每个客户拥有多个订单，可被多次访问。Chen 和 Lee（2008）研究了单机器生产与多车辆直运问题，目标是最小化所有订单交付时间与运输成本之和。

本章研究的未给定订单生产完成时间的生产与运输协同调度问题，目标为最小化所有订单交付时间之和。单机器生产以恒定的速率依次生产各个订单，在生产阶段，一台机器以恒定的生产率连续生产来自多个客户的订单，每个订单有加工时间与数量的要求。在运输阶段，一系列有限数目的车辆从工厂出发，将生产完毕的产品运输到相应的各个客户，每个客户只能访问一次，每个订单不能分开运输，每辆车装载的产品数量不能超出其车辆容积，车辆不能来

第 6 章　最小化所有订单交付时间之和的生产与运输协同调度问题

回运输。

针对该以最小化所有订单交付时间之和为目标的生产与运输协同调度问题，首先建立数学模型；然后提出变邻域算法，针对该问题的特征提出相关性质，且以该性质为基础构造初始可行解，提出八种邻域结构，并在每个邻域结构中采用禁忌算法作为局部搜索算法寻找高质量的邻域解；再提出一种分解算法来计算该问题的下界；最后通过多种规模算例分析本章提出算法的效果。

6.2　问题描述与数学模型

以最小化每个订单交付完成时间之和为目标的生产与运输协同调度问题的数学模型与 5.1 节中的数学模型约束条件相同，但目标函数不同。下面将描述完整的数学模型，参数和变量则与 5.1 节保持相同的含义，在此不做说明。

目标函数：

$$Min \sum_{k=1}^{K} \sum_{j=1}^{n} A_j^k \tag{6-1}$$

约束条件：

$$\sum_{k=1} \sum_{i=0} x_{ijk} = 1 \quad j = 1, 2, \cdots\cdots, n \tag{6-2}$$

$$\sum_{j=1} x_{0jk} = 1 \quad k = 1, 2, \cdots\cdots, K \tag{6-3}$$

$$\sum_{i=0} x_{ihk} - \sum_{j=1} x_{hjk} = 0 \quad h = 1, 2, \cdots\cdots, n, \; k = 1, 2, \cdots\cdots, K \tag{6-4}$$

$$\sum_{i=0} \sum_{j=1} x_{ijk} q_j \Leftarrow Q \quad k = 1, 2, \cdots\cdots, K \tag{6-5}$$

$$C_i + p_j - C_j \leq (1 - z_{ij})M \quad i = 0, 1, 2, \cdots\cdots, n, j = 1, 2, \cdots\cdots n \quad (6-6)$$

$$\sum_{i=0}^{n} z_{ij} = 1 \quad j = 1, 2, \cdots\cdots, n \quad (6-7)$$

$$\sum_{j=1}^{n+1} z_{ij} = 1 \quad i = 1, 2, \cdots\cdots, n \quad (6-8)$$

$$C_0 = 0 \quad (6-9)$$

$$A_i^k + t_{ij} - A_j^k \leq (1 - x_{ijk})M \quad i = 0, 1, 2, \cdots\cdots, n, j = 1, 2, \cdots\cdots, n, k = 1, 2, \cdots\cdots, K \quad (6-10)$$

$$A_i^k \geq 0, \quad i = 0, 1, 2, \cdots\cdots, n, k = 1, 2, \cdots\cdots, K \quad (6-11)$$

$$A_0^k \geq \max_{j \in N}(C_j y_{jk}), \quad k = 1, 2, \cdots\cdots, K \quad (6-12)$$

$$y_{jk} = \sum_{i}^{n} x_{ijk} \quad j = 1, 2, \cdots\cdots, n, k = 1, 2, \cdots\cdots, K \quad (6-13)$$

$$x_{ijk} \in \{0, 1\} \quad i = 0, 1, 2, \cdots\cdots, n, j = 1, 2, \cdots\cdots, n, k = 1, 2, \cdots\cdots, K \quad (6-14)$$

$$y_{jk} \in \{0, 1\} \quad j = 1, 2, \cdots\cdots, n, k = 1, 2, \cdots\cdots, K \quad (6-15)$$

$$z_{ij} \in \{0, 1\} \quad i = 0, 1, 2, \cdots\cdots, n, j = 1, 2, \cdots\cdots n \quad (6-16)$$

目标函数（6-1）表示最小化所有订单的交付时间之和；约束（6-2）表示每个客户仅仅被访问一次；约束（6-3）表示所有车辆仅使用一次；约束（6-4）表示网络流守恒；约束（6-5）表示每辆车的装载量不得超出其容积；约束（6-6）~（6-8）表示两个订单之间的生产关系；约束（6-9）表示机器的开始工作时间；约束（6-10）~约束（6-12）表示两个客户之间的访问关系；约束（6-13）表示车辆k必须将其装载的订单运输到所属的客户；约束（6-14）~（6-16）表示0~1变量。

第 6 章　最小化所有订单交付时间之和的生产与运输协同调度问题

6.3　变邻域搜索算法

以最小化所有订单交付时间之和为目标的生产与运输协同调度问题显然也是一个 NP 难题，既要解决生产调度问题又要解决车辆运输问题。该问题的订单生产阶段与以最小化完工时间为目标的生产与运输协同调度问题比较相似，而运输阶段则大不相同。假设该两个问题中，订单生产顺序是一样的，车辆装载的订单也一样，然而根据目标函数的不同，二者的运输路径完全不同。在以最小化完工时间为目标的生产与运输协同调度问题中，每辆车的运输路径都可以看作一个旅行商问题，要求从起点出发，经历所有的需求点花费的时间最短。而在以最小化所有订单交付时间之和为目标的生产与运输协同调度问题中，每辆车的运输路径都可以看作一个修理工问题（Traveling Repairman Problem，TRP）。Salehipour et al.（2008）将 TRP 问题定义为一个以客户为中心的路径问题：目标是将每个客户的满意度考虑在内，寻找一条路径使得所有客户得到服务的时间之和最短。TRP 问题与 TSP 问题二者解的搜索空间有较大不同，例如将 TSP 问题的一条路径中的所有点反转排列，并不影响 TSP 问题的解，而将 TRP 问题的一条路径中的所有点反转排列，解则发生变化。显然，TSP 问题常用的路径优化方法如前面提出的 MUS 优化并不适用于 TRP 问题。因此，考虑到以最小化所有订单交付时间之和为目标的问题中车辆运输路径的特殊性，本章将提出最优解性质，重点以车辆运输路径为研究对象，设计多种邻域结构，采取变邻域搜索算法来解决该生产与运输协同调度问题。变邻域搜索算法（Variable Neighborhood Search，VNS）是由 Mladenović 和 Hansen（1997）提出的局域搜索元启发方法，通过系统地改变邻域结构，不断探索新的邻域解来获取全局可能最优解。目前，该方法已广泛用来解决车辆路径问题，如 Kytöjoki et al.（2007）、Fleszar et al.（2009）、Salehipour et al.（2011）和 Mladenović et al.（2012）等，已被证明对大规模的 VRP 问题是一个非常有效的方法。

本章提出的变邻域算法首先根据问题特征提出最优解性质，基于该性质采用一种贪婪算法构造初始可行解；然后设计多种邻域结构来全面搜索解空间，在每次计算过程中，通过当前邻域结构扰动当前解产生一个邻域解；接着针对该邻域解，采用一种基于禁忌搜索的局域搜索算法在该邻域内继续搜索更优的邻域解。若局部搜索得到的新的邻域解优于当前解，则新的邻域解取代当前解，继续在该邻域内搜索；若局部搜索得到的新的邻域解劣于当前解，则以模拟退火算法原则来判断是否接受该劣解。接受该劣解则继续在该邻域内搜索；拒绝该劣解则转向下一个邻域结构继续计算。当达到最大邻域结构，则停止变邻域算法的计算。本章的变邻域搜索算法的具体流程见算法 6-1：

算法 6-1：变邻域算法

（1）贪婪算法生成初始可行解 s

（2）当前解 $s_{current} = s$；最优解 $s_{best} = s$；邻域结构 Neighbor = $\{N1, N2, \cdots\cdots, Nkmax\}$；变量 $k = 1$

（3）While（k≤kmax）do

（4）扰动当前解：在邻域结构 Nk 内随机生成一个当前解的邻域解 s'

(5) 邻域解 s' 作为局部搜索算法的输入，在邻域结构 Nk 中搜索得到局部优化解 s''

(6) If（s'' 优于 s）

(7) $s_{current} = s''$；$s_{best} = s''$

(8) 继续在该邻域结构中搜索

(9) Else

(10) If（s'' 满足模拟退火算法判断条件）

(11) $s_{current} = s''$

(12) 继续在该邻域结构中搜索

(13) Else

(14) $k = k + 1$

(15) End while

(16) Return s_{best}

6.3.1 最优解性质

为了减少解空间的搜索范围且不影响可行解的质量，针对以最小化所有订单交付时间之和为目标的生产与运输协同调度问题提出一个最优解性质，并基于该性质构造初始可行解。本章研究的协同问题中，仍需同时做出两个决策：生产调度与车辆运输路径安排。生产调度是决策所有订单的生产顺序；车辆运输路径则先将订单分批，同一批订单装载到同一辆车，再规划车辆路径。假如给定了订单分批，订单的生产序列就决定着每个订单的生产完成时间，继而决定了每辆车的出发时间。故对于给定的订单分批，第四章提出的最优解性质同样适用于本章的问题。

性质6.1：在以最小化所有订单交付时间之和为目标的单机器生产与运输协同调度问题中，若订单的分批已经给定，则一定存在一个订单生产序列 S_1，S_1 中每个订单批次中的所有订单都是连续生产的；该订单生产序列优于订单生产序列 S_2，S_2 中每个订单批次中的所有订单不一定是连续生产的。

证明：假设给定了订单分批，在一个订单生产序列中，每个批次的订单并不是连续生产的，即同一个批次的订单生产完成之前，可以生产其余批次的订单。令最晚出发的车辆为 k_{last}，则车辆 k_{last} 需要装载的有些订单的生产完成时间可能早于其余车辆的出发时间。将这些订单与其余车辆的订单交换生产顺序，使得车辆 k_{last} 的所有订单在一起连续生产并位于生产序列的末尾。这样，其余车辆的订单生产顺序可以前移，其余车辆的出发时间也可以更早。如此交换，令所有车辆的订单都在一起连续生产。最后，除了车辆 k_{last} 的出发时间保持不变，其余车辆的出发时间都会变小或者保持不变，而每辆车的行驶路径并不变化。所以，除了最后一辆车中的订单交付时间保持不变，其余车辆中的订单交付时间均变小或者保持不变，而至少有一辆车的出发时间是变小的，则总的订单交付时间一定会变小。因此，给定订单分批，每辆车的订单在一起连续生产要优于非连续生产。

6.3.2 初始解构造

根据性质6.1可知，当给定订单批次后，订单的生产顺序为每个批次的订单连续生产。因此，当给定车辆路径后，订单的批次是一定的，每个批次订单的生产顺序也是一定的。令初始解的表现形式为车辆路径，构造初始解时先采取两种算法分别构建车辆路径，再决策订单的生产顺序，得到两个可行解；最后计算两个可行解的目标值，令最优的可行解作为变邻域算法的初始解。

1）构造初始解

已知可用车辆数目为 K，采取两种算法构造车辆路径，一种为最近插入算法（Nearest Insertion）；另一种为扫描算法（Sweep Algorithm）。

最近插入算法如图 6-1（a）所示。所有车辆从仓库出发，首先给每辆车均安排一个客户点，令离仓库最近的 K 个客户点分别作为 K 条路径的第一个客户点；然后，从第一条路径开始，寻找与第一条路径中最后一点最近的客户点加入，令该新加入的客户点作为第一条路径中最后一个点，重复该过程直至第一条路径超出容积限制；再从第二条路径开始，每次寻找与第二条路径的最后一点最近的客户点加入并作为新的最后一个点，直至第二条路径超出容积限制；重复以上过程，直至所有的客户点均加入到路径中。算法流程见算法 6-2：

算法 6-2：Nearest Insertion

（1）Set 客户集合 C = {1, 2, ……, n}；仓库点为 0；路径集合 R = {1, 2, ……, K}；目标值 Objective

（2）寻找与点 0 最近的 K 个客户点

（3）令 K 个客户点分别为 K 条路径的第一个点

（4）从客户集合 C 中删除该 K 个已使用的点

（5）变量 f = 1

（6）While（f < K）do

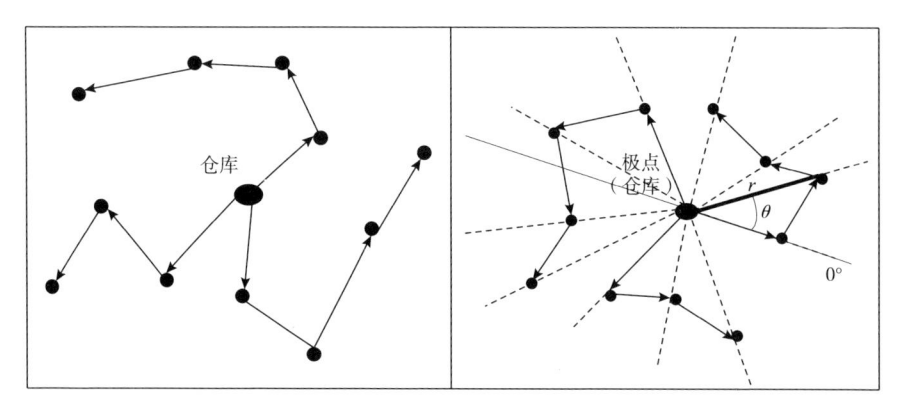

图 6-1（a） 最近插入算法　　　　图 6-1（b） 扫描算法

（7）If（客户集合 $C = \emptyset$）

（8）Break；//程序终止

（9）While（第 f 条路径的运载量 < 车辆容积）do

（10）计算第 f 条路径中最后一个客户与客户集合 C 中每个客户的行驶距离

（11）选择最短距离的客户点加入第 f 条路径中的末尾；

（12）将该客户点从客户集合 C 删除

（13）end while

（14）$f = f + 1$

（15）End while

扫描算法最早由 Gillett 和 Miller（1974）提出，其核心操作是将距离较近的客户归入到一个子路径中，如图 6-1（b）所示。首先，建立极坐标系，以起始点（仓库）作为极坐标的原点（极点），并以任意一客户点和极点的连线定义为零角度，然后对所有的客户所在的位置进行极坐标系的变换，把所有客户点全部都转换

为极坐标系下的点 (r, θ)，其中 r 表示该点到极点的距离，θ 表示该点的角度。然后，从具有最小角度的两个客户点开始，组成一个子路径，按逆时针方向，将客户点逐个加入组中，直到加入的客户需求总量超出车辆容积限制时，结束该条路径。再建立一个新的子路径，继续按照逆时针方向，将剩余客户逐个加入路径中，生成新的路径，直至所有客户点都被分到某个路径为止。

2）决策订单生产顺序

初始解构造完成后，假设每辆车的出发时间均为0，计算各辆车中订单的交付时间之和。然后，按交付时间之和的降序安排每个车辆的订单的生产顺序，具有最大的订单交付时间之和的车辆的订单最先生产，且每辆车中的订单的生产顺序按照其交付顺序进行。最后，根据订单交付顺序计算每辆车的出发时间，并重新计算各辆车中订单的交付时间之和，所有车辆中订单的交付时间之和即为该协同问题的目标值。订单生产顺序及目标值的算法流程见算法6-3：

算法6-3：决策订单生产顺序及目标值计算

（1）Set 每条路径 f 的出发时间 Sf 为 0

（2）计算每条路径 f 中所有订单的交付时间之和 Df

（3）所有路径按 Df 的降序排列

（4）依次生产各路径中客户的订单

（5）重新计算 Sf

（6）重新计算 Df

（7）Objective = sum（Df） $f \in \{1, 2, \cdots\cdots, K\}$

（8）Return Objective

6.3.3 邻域结构设计

给定一个初始解，通过点移除与重新插入的方式生成新的解，每一种点的删除方式与每一种点的插入方式构成一类邻域结构。本节分别设计了单条路径与多条路径中点的删除与插入算法，共计八类邻域结构（NS1、NS2、NS3、NS4、NS5、NS6、NS7、NS8）。单路径邻域结构对当前解的改变较小，可看作集中搜索机制；多路径邻域结构则对当前解的改变较大，可看作分散搜索机制。在更换邻域的过程中，多路径邻域结构与单路径结构交替使用，为了扩大搜索范围，每个邻域结构可被重复使用。在本章提出的变邻域算法中，邻域结构的使用顺序分别为：NS4 - NS1 - NS5 - NS2 - NS6 - NS3 - NS7 - NS1 - NS8 - NS2 - NS4 - NS3 - NS5 - NS1 - NS6 - NS2 - NS7 - NS3 - NS8。

1）单路径中点的删除与插入

邻域结构 1（NS1）：单路径中单个点的删除与插入。在当前解中，选择一条路径中的一个点移出，插入到该路径中每个可行的位置，最后选择造成客户累积时间和最小的位置插入，即生成一个邻域解。客户累积时间和指的是假设路径的出发时间为 0 时，路径中每个客户收到订单的时间之和。

邻域结构 2（NS2）：单路径中两个点的删除与插入。在当前解中，随机选择一条路径中的两个点移出，插入到该路径中每个可行的位置，最后选择造成客户累积时间和最小的位置插入。

邻域结构 3（NS3）：单路径中片段的删除与插入。在当前解中，选择一条路径中的片段移出（片段中点的数目为 2 或 3，每次迭代随机选择），将该片段插入到造成客户累积时间最小的位置。

上述三类单路径邻域结构如图 6-2 所示，每个邻域结构中点的删除与插入同时存在同一路径中，故每条路径中装载的订单没有发生改变，故令邻域解的订单生产顺序与当前解一样，则路径的出发时间均保持不变，计算邻域解的目标值时只需计算发生变化的路径，其余路径保持不变。

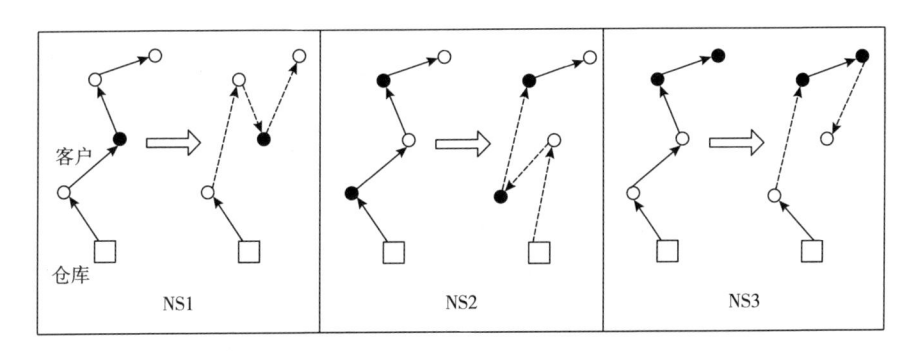

图 6-2 单路径邻域结构

2）多条路径中点的删除与插入

五类多路径邻域结构如图 6-3 所示，在多路径邻域结构中，每个邻域结构中点的删除与插入存在不同路径中，故路径中装载的订单发生了改变，则在计算领域解的目标时，需重新决策订单生产序列，并重新计算所有的订单交付时间。

邻域结构 4（NS4）：多路径中单个点的删除与插入。在当前解中，选择一条路径中的一个点 i 移出，插入到其余路径中每个可行的位置，计算插入后的每条路径的客户累积时间和（计算方法同 NS1）；根据客户累积时间和的降序排列每条路径客户订单的生产顺序，计算每条路径的出发时间及订单交付时间；最后计算目标值

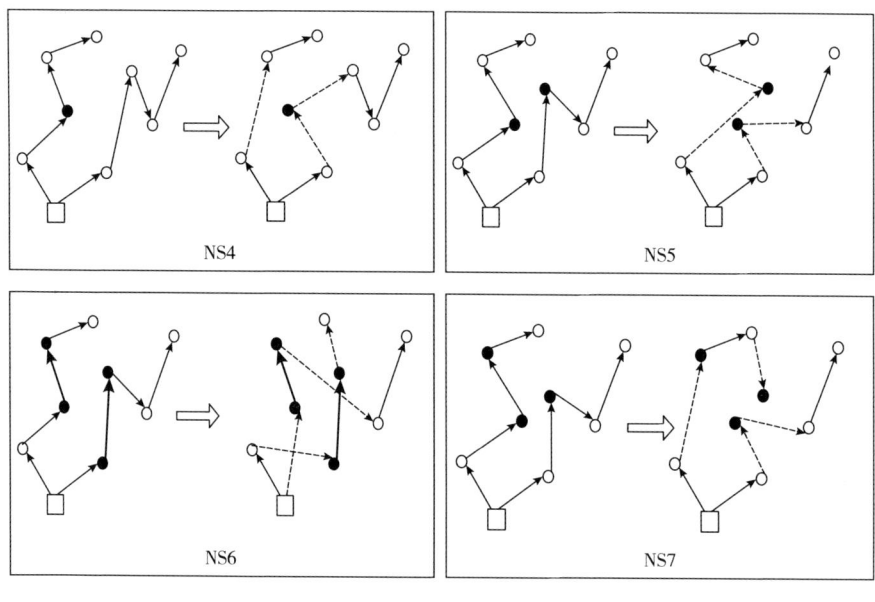

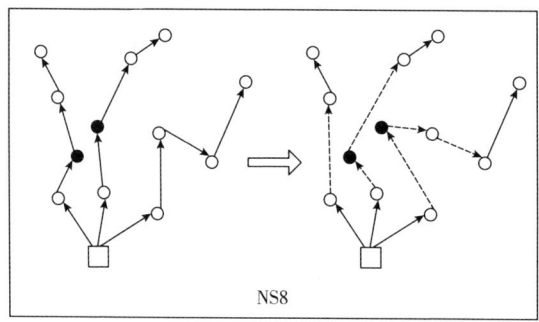

图 6-3 多路径邻域结构

即所有订单交付之和,将点 i 插入到造成目标值最小的位置。

邻域结构 5（NS5）：多路径中两个点的交换。在当前解中,选择一条路径中的一个点 i,将点 i 与其余路径中所有的点交换,最后选择造成目标值最小的点交换。

邻域结构 6（NS6）：多路径中片段的交换。在当前解中,分别选择两条路径中的片段移出并交换位置（片段中点的数目为 2 或 3,每次迭代随机选择）。

第 6 章 最小化所有订单交付时间之和的生产与运输协同调度问题

邻域结构 7（NS7）：多路径中相似点的删除与插入。在当前解中，随机选择一条路径中的一个点 i 移出，再从所有路径中选择与点 i 距离最近的点 j 移出，再从所有路径中选择与点 j 距离最近的点移出，直到移出数目为 r 的客户（当客户点少于 25 时，r 的值取 3；反之，r 的值取 5）。然后，将所有的移出点相继插入到所有路径中每个可行的位置，最后选择造成目标值增量最小的位置插入。

邻域结构 8（NS8）：三条路径中点的删除与插入。在当前解中，根据一定的规则选择三条较近的路径。首先，计算每条路径的中心点坐标（$\sum_i X_i/D$，$\sum_i Y_i/D$），X_i 与 Y_i 分别表示一条路径中的客户点 i 的横纵坐标，D 代表个路径中客户点的数目。三条路径中点的删除与插入算法见算法 6-4：

算法 6-4：三条路径中点的删除与插入

（1）设置变量 $X=1$；$r=1$；路径集合 $R=\{1,2,\cdots\cdots,K\}$

（2）计算每条路径的中心坐标（$\sum_i X_i/D$，$\sum_i Y_i/D$）

（3）While（$r<K$）do

（4）寻找与路径 r 最近的两条路径 $r1$ 与 $r2$

（5）While（$X<$ 路径 r 的客户数目）do

（6）Set $Y=1$，$Z=1$

（7）While（$Y<$ 路径 $r1$ 的客户数目 -1）do

（8）将路径 r 的第 X 个客户移出并插入到路径 $r1$ 的第 $Y+1$ 和 $Y+2$ 个客户之间

（9）将路径 $r1$ 的第 Y 个客户移出并插入到路径 $r2$ 的第 $Z+1$ 和 $Z+2$ 个客户之间

（10）生成一个邻域解，并计算该邻域解的目标值

（11）$Y = Y + 1$；$Z = Y$

（12）If（$Z >$ 路径 $r2$ 的客户 $- 2$）then

（13）$Z =$ 路径 $r2$ 的客户 $- 2$

（14）end while

（15）$X = X + 1$

（16）End while

（17）$r = r + 1$

（18）End while

（19）Return 一系列邻域解

6.3.4 局部搜索算法

变邻域算法系统地选择邻域结构，禁忌算法则作为一种局部搜索算法，在某一邻域结构内搜索局部可能最优解。每当一类邻域结构被选择，按照该邻域规定的移动方式对当前解 s 进行随机扰动，得到邻域解 s'，随机扰动的目的是增强算法的分散性。将该邻域解 s' 作为禁忌算法的初始解，局部搜索则仅在该邻域结构中生成，禁忌搜索得到的局部最优解为 s''。若 s'' 优于 s，则用 s'' 取代 s 且继续在该邻域采用禁忌搜索求解邻域解。否则，根据解的更新机制判断是否进入下一个邻域求解。

禁忌算法在每一次迭代过程中，都要计算每个邻域解的目标值，邻域解的生成必须满足两个条件：一是可行解；二是非禁忌解（除非该禁忌解比最优解更优）。禁忌列表禁忌的对象为路径和移动点。类似第四章提出的禁忌搜索准则，若连续 15 次最优解没有更

新，则执行分散搜索，在该邻域内随机生成一个解作为当前解，继续在该邻域内搜索，直至分散搜索达到规定的次数（30次）则停止本次禁忌搜索。

6.3.5 解的更新机制

解的更新机制目的是决定"算法6-1"中当前解 s 是否被邻域解 s'' 替代。与 Ropke 和 Pisinger（2006）和 Hemmelmayr et al.（2009）一样，采用模拟退火算法的接受原则。如果 s'' 比 s 更好，则前者取代后者；否则，计算劣解的接受概率 $\exp\frac{-(c(s'')-c(s))}{\Pi}$ 的大小，若该概率的值大于 [0, 1] 之间的随机数，则 s'' 取代 s，继续在当前邻域结构搜索；否则转到下一个邻域结构搜索。其中 $c(s)$ 表示当前解的目标值，$c(s'')$ 表示邻域解的目标值，在搜索进程中，温度 Π 在 η/β 阶段中呈线性下降，直到 0 为止，其中 η 表示总共循环的次数。即经过 β 次循环后，Π 减少了 $\Pi\times\beta/\eta$。这里的初始温度等于初始解的目标值 $\times 0.005$。

6.4 一种分解算法求下界

在本问题的数学模型中，订单 J_i 的交付时间 A_i^k 实际等于订单 J_i 所在车辆 k 的出发时间与车辆从工厂出发依次访问客户直至到达客户 i 的行驶时间之和。令 A_0^k 表示车辆 k 在工厂等待出发的时间；T_{0i}^k 表示车辆 k 从工厂出发行驶至客户 i 的行驶时间。则 6.2 节中的目标函数（6-1）可写为

$$Min \sum_{k=1}^{K} \sum_{j=1}^{n} (A_{0}^{k} y_{jk} + T_{0j}^{k}) = Min(\sum_{k=1}^{K} \sum_{j=1}^{n} A_{0}^{k} y_{jk} + \sum_{k=1}^{K} \sum_{j=1}^{n} T_{0j}^{k}) \quad (6-17)$$

显然，目标函数的优化对象由两部分组成：第一部分为所有订单的出发时间之和，表示为 $\sum_{k=1}^{K} \sum_{j=1}^{n} A_{0}^{k} y_{jk}$；第二部分为所有订单到达客户时的车辆行驶时间之和，又称为车辆累计行驶时间之和，表示为 $\sum_{k=1}^{K} \sum_{j=1}^{n} T_{0j}^{k}$。在求解原问题的下界时，可分别求解该二者的下界，再将二者相加。因此，我们提出一种分解算法来计算原问题的下界，将原问题的下界分解为两个独立的部分。第一部分为订单出发时间之和的下界，用 LB1 表示；第二部分为车辆累计行驶时间之和的下界，用 LB2 表示。LB1 与 LB2 之和即为原问题的下界。

6.4.1 订单出发时间之和的下界

在原问题中，车辆数目与车辆容积是有限的，每辆车必须装载多个订单才能完成运输任务。因此，许多订单在生产完成之后，必须等待其运载车辆的所有订单生产完毕才能出发。这里，我们将车辆数目约束进行松弛，假设车辆数目足够多，每辆车只装载一个订单，则每个订单生产完毕立即出发。这样，就消除了订单的等待时间，此时所有订单的出发时间之和等于所有订单的生产完成时间之和，即 $\sum_{i=1}^{n} C_{J_i}$。令订单按照最短加工时间优先原则（Shortest Processing Time First, SPT）进行生产，这样就得到了最小的 $\sum_{i=1}^{n} C_{J_i}$ (Chen, 2005)。此时，$\sum_{i=1}^{n} C_{J_i}$ 即为所有订单出发时间之和的下界。

$$LB1 = \sum_{i=1}^{n} C_{J_i} \qquad (6-18)$$

显然，在 LB1 的求解中，我们使用的车辆数目为 n。而原问题中车辆使用数目为 K，在原问题中最多有 K 个订单的出发时间等于其生产完成时间，剩余 $(n-K)$ 个订单在生产完毕后必须等待其运输车辆中其余订单全部生产完毕后才能出发。故，该 $(n-K)$ 个订单的平均等待时间至少等于所有订单中最小的加工时间。此时，所有订单出发时间之和的下界可以更加精确：

$$LB1 = \sum_{i=1}^{n} C_{J_i} + (n-K) \min_{i} p_i \qquad (6-19)$$

6.4.2 车辆累计行驶时间之和的下界

将生产阶段与运输阶段分开考虑后，假设在运输阶段的开始，所有的订单都是生产完毕的，则原问题中的运输问题变成了一个 CCVRP 问题，即不需考虑生产时间的以最小化所有客户接受服务的时间之和为目标的有容车辆路径问题。显然，式（6-17）中的第二部分 $\sum_{k=1}^{K}\sum_{j=1}^{n} T_{0j}^{k}$ 即车辆累计行驶时间之和与 Ngueveu et al.（2010）研究的目标函数是完全一致的。因此，这里采用 Ngueveu et al.（2010）提出的两种对 CCVRP 问题的下界求解方法来计算式（6-17）中第二部分的下界。此外，Ribeiro 和 Laporte（2012）在计算 CCVRP 问题的下界时也采取了这两种计算方法。

第一种求解方法：考虑车辆数目充足，采取直运模式，每辆车仅仅为一个客户服务。则车辆累计行驶时间之和的下界为：

$$LB2 = \sum_{i=1}^{n} t_{0i} \quad (6-20)$$

第二种求解方法：假设一条路径 k 中包含的客户为 $(1, 2, \cdots, nk)$，0 表示工厂。A_j 表示车辆到达客户点 j 的时间，t_{ij} 表示任意两点间的行驶时间。$A_j = A_i + t_{ij}$，其中 $j = i + 1$。令路径 k 中所有客户的服务时间之和为 F_k：

$$F_k = A_1 + A_2 \cdots + A_{n_k} = t_{01} + t_{01} + t_{12} \cdots + t_{n_k-1, n_k} = t_{01} n_k + t_{12}(n_k - 1) \cdots + t_{n_k-1, n_k} \times 1 \quad (6-21)$$

式（6-20）可以写作：

$$F_k = \sum_{j=1}^{n_k} (n_k - j + 1) t_{j-1, j} \quad (6-22)$$

在式（6-22）中，$(n_k - j + 1)$ 称为边 $(j-1, j)$ 的协系数。Ngueveu et al.（2010）在构造下界解时，首先令任意两条路径间的客户数目相差不超过 1，称之为均衡的客户数目。然后，令数学模型中介绍的完全无向图 G 中的所有与顶点 0 相连的边 (i, j) 按照其权重 t_{ij} 的值从小到大排序，再令完全无向图 G 中的所有与顶点 0 不相连的边 (i, j) 按照其权重 t_{ij} 的值从小到大排序。最后，在构造路径时对具有较小 t_{ij} 值的边赋予其较大的协系数。该方法允许路径中出现重复的客户点。所有车辆累计行驶时间之和的下界计算公式如下：

$$LB2' = \sum_{e=1}^{K} \left(\left\lceil \frac{K + n - e - (n \bmod K)}{K} \right\rceil \right) w_{e'} + \sum_{e=1}^{n-K} \left(\left\lceil \frac{n - e - (n \bmod K)}{K} \right\rceil \right) w_{e''} \quad (6-23)$$

在上式（6-23）中，n 表示所有客户点的数目，K 表示路径

第6章 最小化所有订单交付时间之和的生产与运输协同调度问题

的数目，e 表示无向图 G 中排序为第 e 个的边，w_e 表示与顶点 0 相连的边中第 e 个边的权重值 t_{ij}，$w_{e'}$ 表示与顶点 0 不相连的边中第 e 个边的权重值 t_{ij}。为了更好地理解该公式，下面举一个例子进行简单的说明。

给定 7 个客户，2 辆车。与顶点相连的边按照权重值的排序为 {（0，2）（0，1）（0，5）（0，3）（0，4）（0，6）（0，7）}，权重值分别为 1，2，3，4，5，6，7。与顶点不相连的边按照权重值的排序为 {（1，2）（3，4）（4，5）（2，3）（2，4）（1，3）（1，4）（1，5）（2，5）（3，5）（1，7）（1，6）（2，7）（2，6）（3，7）（3，6）（4，7）（4，6）（5，7）（5，6）（6，7）}，权重值分别为（1，2，3，4，5，6，7，8，9，10，11，12，13，14，15，16，17，18，19）。

（1）因为任意两条路径之间的客户数目之差不超过 1，则第一条路径安排 4 位客户，第二条路径安排 3 位客户。

（2）将与顶点相连的第一条短边（0，2）加入第一条路径中，协系数为 4；将与顶点相连的第二条短边（0，1）加入第二条路径中，协系数为 3。

（3）将与顶点不相连的第一条短边（1，2）加入第一条路径中，协系数为 3；将与顶点不相连的第二条短边（3，4）加入第二条路径中，协系数为 2。再将与顶点不相连的第三条短边（4，5）加入第一条路径中，协系数为 2；将与顶点不相连的第四条短边（2，3）加入第二条路径中，协系数为 1。再将与顶点不相连的第五条短边（2，4）加入第一条路径中，协系数为 1。

(4) 将路径中每条边的权重与其协系数相乘后再求和：LB2 = (1×4+2×3) + (1×3+2×2+3×2+4×1+5×1) =32。

6.5 实验结果分析

6.5.1 算例生成

因为本问题的条件假设与第四章相似，只是目标函数不同，故实验数据的设置与5.5.1节保持一致，依旧使用两类测试算例：一类为客户数目为18~100的A、B和P三组大规模算例；另一类为客户数目为5~10的小规模算例。为了衡量变邻域算法的效果，对于小规模算例，采取CPLEX求最优解，与变邻域算法的结果对比；对大规模算例，分别采用Ngueveu et al.（2010）提出的混合遗传算法与Ribeiro和Laporte（2012）提出的大邻域算法来求解，并采用分解算法求解的下界解；分别将三者的求解结果及与变邻域算法的结果对比。所有算法均采取C++编程，编译环境为Visual Studio 2008。电脑配置为Intel Pentium dual-core 2.8 GHz CPU 和4GB RAM。

6.5.2 小规模算例求解

本节采取CPLEX软件与变邻域算法求解小规模算例。表6-1给出了采用CPLEX与变邻域算法得到的小规模算例的解。其中，符号"/"表示没有意义。由于问题的复杂性比较强，既要决策订单生产顺序又要决策车辆路径顺序，CPLEX软件只获得了客户数目为 5～7 的算例最优解，对于客户数目为 8～10 的算例，CPLEX 软件只能给出上下界的值。对于客户数目为 5～7 的算例，VNS 均能获得最优值；对于客户数目为 8～10 的算例，VNS 的解均在 CPLEX 给出的上下界以内，证明其效果较好。另外，VNS 的运行时间只需要几秒钟，远远优于 CPLEX 的运行时间。

表 6-1 CPLEX 与 VNS 对小规模算例求解

客户数目	算例	CPLEX				VNS	
		Optimal	UB	LB	Time (s)	Solution	Time (s)
5	n5-k2-1	214	—	—	8	214	1
	n5-k2-2	228	—	—	9	228	1
	n5-k2-3	316	—	—	10	316	1
	n5-k2-4	251	—	—	8	251	1
	n5-k2-5	261	—	—	7	261	1
6	n6-k2-1	306	—	—	199	306	1
	n6-k2-2	331	—	—	157	331	1
	n6-k2-3	320	—	—	185	320	1
	n6-k2-4	373	—	—	285	373	1
	n6-k2-5	409	—	—	358	409	1
7	n7-k2-1	404	—	—	3680	404	1
	n7-k2-2	392	—	—	4800	392	1
	n7-k2-3	518	—	—	15680	518	1
	n7-k2-4	331	—	—	11347	331	1
	n7-k2-5	501	—	—	1265	501	1
8	n8-k2-1	—	207	496	18881	449	1
	n8-k2-2	—	180	522	19794	504	1
	n8-k2-3	—	184	464	18985	464	1
	n8-k2-4	—	145	492	18579	478	1
	n8-k2-5	—	177	558	17333	538	1

续表

客户数目	算例	CPLEX				VNS	
		Optimal	UB	LB	Time（s）	Solution	Time（s）
9	n9-k2-1	—	169	635	21876	586	2
	n9-k2-2	—	137	565	23456	553	2
	n9-k2-3	—	198	591	21678	552	2
	n9-k2-4	—	134	570	29876	555	2
	n9-k2-5	—	196	578	28973	578	2
10	n10-k2-1	—	202	656	34523	656	2
	n10-k2-2	—	130	669	38769	530	2
	n10-k2-3	—	165	615	37222	476	2
	n10-k2-4	—	215	674	38743	674	2
	n10-k2-5	—	129	678	32145	644	2

6.5.3 大规模算例求解

采用变邻域算法求解 A、B、P 三组算例，为了证明本书提出的启发式算法的高效性，分别采用 Ngueveu et al.（2010）提出的混合遗传算法与 Ribeiro 和 Laporte（2012）提出的大邻域算法来求解本章提出的问题，并与本书提出的变邻域算法的结果进行对比。同时，也将变邻域算法得到的解与分解算法得到的下界解进行对比。

表6-2 A组算例的计算结果

Case	VNS		MA			LNS			LB		
	Z0	T0	Z1	T1	GAP1（%）	Z2	T2	GAP2（%）	Z3	T3	GAP3（%）
A-n32-k5	8465	30	8501	9	0.43	8472	5	0.08	6473	1	23.53
A-n33-k5	9117	30	9457	8	3.73	9130	7	0.14	6883	1	24.50
A-n33-k6	9629	46	9926	8	3.08	9688	8	0.61	7505	1	22.06

第6章 最小化所有订单交付时间之和的生产与运输协同调度问题

续表

Case	VNS		MA			LNS			LB		
	Z0	T0	Z1	T1	GAP1(%)	Z2	T2	GAP2(%)	Z3	T3	GAP3(%)
A-n34-k5	9724	30	10119	7	4.06	9724	7	0.00	7204	1	25.92
A-n36-k5	9886	70	10343	9	4.62	9939	9	0.54	7650	1	22.62
A-n37-k5	8299	80	8820	11	6.28	8449	10	1.81	5982	1	27.92
A-n37-k6	11646	80	12230	11	5.01	11753	9	0.92	9107	1	21.80
A-n38-k5	11121	124	11975	10	7.68	11265	13	1.29	8025	1	27.84
A-n39-k5	10719	91	11922	15	11.22	10882	14	1.52	7813	1	27.11
A-n39-k6	11048	70	11422	16	3.39	11209	13	1.46	8242	1	25.40
A-n44-k6	14510	121	15204	16	4.78	14783	14	1.88	11289	1	22.20
A-n45-k6	15368	101	17239	8	12.17	15606	14	1.55	11777	1	23.37
A-n45-k7	16097	121	16362	35	1.65	16128	16	0.19	13043	1	18.97
A-n46-k7	14814	150	15547	41	4.95	14909	21	0.64	11749	1	20.69
A-n48-k7	16674	125	17024	43	2.10	16676	22	0.01	13553	1	18.72
A-n53-k7	17550	211	18786	47	7.04	17790	25	1.37	13490	1	23.13
A-n54-k7	18877	160	20286	38	7.46	19187	26	1.64	14935	1	20.88
A-n55-k9	22428	176	22833	50	1.81	22686	35	1.15	18537	1	17.35
A-n60-k9	19396	197	24535	77	26.50	23572	37	21.53	19377	1	13.48
A-n61-k9	26130	157	26877	80	2.86	26257	41	0.49	21355	1	18.27
A-n62-k8	22060	187	23308	81	5.66	22185	51	0.57	17887	1	18.92
A-n63-k9	28162	263	29025	43	3.06	28365	46	0.72	23826	1	15.40
A-n63-k10	27219	211	27781	96	2.06	27425	59	0.76	22649	1	16.79
A-n64-k9	25585	239	26635	91	4.10	25934	64	1.36	21344	1	16.58
A-n65-k9	28078	267	30311	29	7.95	28372	50	1.05	22813	1	18.75
A-n69-k9	27598	289	29316	109	6.23	27742	67	0.52	21604	1	21.72
A-n80-k10	35611	333	37367	187	4.93	36176	115	1.59	29945	1	15.91
Average	17623	147	18635	44	5.73	17937	30	1.68	14224	1	21.10

表6-3 B组算例的计算结果

Case	VNS		MA			LNS			LB		
	Z0	T0	Z1	T1	GAP1(%)	Z2	T2	GAP2(%)	Z3	T3	GAP3(%)
B-n31-k5	8103	35	8170	12	0.83	8115	7	0.15	6670	1	17.68
B-n34-k5	8195	36	8806	13	7.46	8228	10	0.40	6035	1	26.36
B-n35-k5	9733	33	9942	17	2.15	9765	8	0.33	7665	1	21.25
B-n38-k6	10976	34	11065	23	0.81	10978	16	0.02	8895	1	18.96
B-n39-k5	9869	35	10158	26	2.93	9914	15	0.46	7725	1	21.72
B-n41-k6	13742	56	14045	16	2.20	13825	16	0.60	11296	1	17.80
B-n43-k6	12340	67	12717	33	3.06	12466	21	1.02	9702	1	21.38
B-n44-k7	14047	76	14243	40	1.40	14059	18	0.09	11676	1	16.88
B-n45-k5	12213	87	13849	13	13.40	12292	14	0.65	8789	1	28.04
B-n45-k6	14303	98	15109	11	5.64	13653	20	-4.54	11553	1	19.23
B-n50-k7	14372	121	14978	54	4.22	14614	35	1.68	11320	1	21.24
B-n50-k8	17769	121	17923	64	0.87	17830	36	0.34	15065	1	15.22
B-n51-k7	18761	122	19928	17	6.22	18184	31	-3.08	15264	1	18.64
B-n52-k7	16342	143	17239	65	5.49	16447	31	0.64	13081	1	19.95
B-n56-k7	16898	156	17289	75	2.31	17001	48	0.61	13653	1	19.20
B-n57-k7	20055	158	22345	78	11.42	21409	30	6.75	16034	1	20.05
B-n57-k9	23957	165	24335	94	1.58	24193	44	0.99	20877	1	12.86
B-n63-k10	28760	167	29149	98	1.35	28785	54	0.09	24751	1	13.94
B-n64-k9	25284	187	27109	34	7.22	25652	54	1.46	20986	1	17.00
B-n66-k9	28783	198	29870	84	3.78	28877	56	0.33	24343	1	15.43
B-n67-k10	28314	213	29288	158	3.44	28419	64	0.37	23896	1	15.60
B-n68-k9	27213	202	27771	120	2.05	27380	67	0.61	22989	1	15.52
B-n78-k10	32835	231	34735	167	5.79	32965	93	0.40	27472	1	16.33
Average	17951	119	18698	57	4.16	18046	34	0.45	14771	1	18.71

Ngueveu et al. (2010) 和 Ribeiro 和 Laporte (2012) 均研究了以最小化所有客户接受服务的时间之和为目标的有容积的车辆路径

问题，并假设在运输阶段所有的订单都是可得的。Ngueveu et al. (2010) 提出了一种嵌入局部搜索的遗传算法 (Memetic Algorithm, MA)，染色体为所有客户组成的序列，采取 Prins (2004) 提出的 Split 算法对染色体进行解码，即生成车辆路径；遗传操作采取轮盘赌的方式选择两个父代染色体，一次交叉操作生成多个子代，并对每个子代解码后的车辆路径以一定的概率进行局部搜索优化，优化后的车辆路径还原为染色体序列，以一定的接受规则加入种群中，并取代种群中较差的个体；文中没有设置交叉率，而是以小规模种群反复实行交叉操作，迭代更新以获取优化解。本书在使用该遗传算法解决本章问题时做了两点改进：一是令染色体序列表示相应的订单生产序列；二是在使用 Split 算法时，计算染色体中任意两个点 (i, j) 之间的累计成本，将该两点之间的点 $(i+1, i+2, \cdots, j)$ 看作一条路径包含的点，令该路径起点为 0，计算该车辆到达所有客户的时间之和。该遗传算法的种群规模大小为 16，迭代次数为 2000 次。Ribeiro 和 Laporte (2012) 提出了一种大邻域算法 (Large neighborhood search, LNS)，首先采用一种构造算法构造初始解，并令其为当前解；再设计多种点的移除与插入算法，每一次利用当前解生成邻域解时，按一定的规则分别选择一种点的移除与插入算法，生成一个邻域解，令其为当前解；以新的当前解为基础，继续选择一种点的移除与插入算法生成一个邻域解；如此反复迭代，每次迭代后仅生成一个邻域解，并记录迭代过程中产生的最好的解。本书在使用该大邻域算法时，采用本章提出的算法生成初始解，迭代次数设置为 2000 次。

表6-4 P组算例的计算结果

Case	VNS		MA			LNS			LB		
	Z0	T0	Z1	T1	GAP1(%)	Z2	T2	GAP2(%)	Z3	T3	GAP3(%)
P-n16-k8	2056	1	2106	1	2.43	2043	1	-0.63	1869	1	9.10
P-n19-k2	4076	1	5220	1	28.07	4692	1	15.11	2905	1	28.73
P-n20-k2	4334	1	5536	1	27.73	4928	1	13.71	3115	1	28.13
P-n21-k2	4964	1	5445	1	9.69	4965	1	0.02	3187	1	35.80
P-n22-k2	4788	1	5896	1	23.14	5394	1	12.66	3355	1	29.93
P-n40-k5	13344	30	13649	25	2.29	13352	12	0.06	10122	1	24.15
P-n45-k5	16827	35	17237	29	2.44	16963	14	0.81	12719	1	24.41
P-n50-k7	24319	45	24455	49	0.56	24256	26	-0.26	20152	1	17.13
P-n50-k8	23695	86	23695	56	0.00	22711	45	-4.15	20147	1	14.97
P-n50-k10	22793	98	23262	40	2.06	22862	28	0.30	20137	1	11.65
P-n51-k10	18144	96	19626	30	8.17	18198	24	0.30	15587	1	14.09
P-n55-k7	29301	177	29658	73	1.22	29368	30	0.23	24313	1	17.02
P-n55-k8	28506	185	28843	111	1.18	28600	47	0.33	24308	1	14.73
P-n55-k10	27522	187	27639	78	0.43	27537	35	0.05	24298	1	11.71
P-n60-k10	32872	198	33529	75	2.00	32678	38	-0.59	28706	1	12.67
P-n60-k15	31270	187	32114	88	2.70	31313	35	0.14	28628	1	8.45
P-n65-k10	38202	125	38768	108	1.48	38230	40	0.07	33333	1	12.75
P-n70-k10	43710	145	44214	50	1.15	43751	43	0.09	37802	1	13.52
P-n76-k4	59283	193	61350	95	3.49	59602	30	0.54	41817	1	29.46
P-n76-k5	55605	201	58388	88	5.00	56145	50	0.97	41478	1	25.41
P-n101-k4	78511	337	79898	156	1.77	79465	130	1.22	51740	1	34.10
Average	26863	111	27644	55	6.05	27003	30	1.95	21415	1	19.90

表6-2至表6-4给出了变邻域算法（VNS）、遗传算法（MA）、大邻域算法（LNS）三种启发式算法以及下界分解算法（LB）对于A、B与P三组算例的求解结果。Z0至Z2列、T0至T2

列分别表示 VNS、MA 与 LNS 三种算法的求解结果与求解时间（单位：秒）。每个算例的目标值越小，解的质量越好。GAP1 与 GAP2 列分别表示 MA 与 LNS 算法与 VNS 遗传算法之间的差值比。该差值比若为正数，则说明 VNS 较优；否则说明 VNS 较劣。其中，$GAP1 = (Z1 - Z0)/Z0 \times 100\%$；$GAP2 = (Z2 - Z0)/Z0 \times 100\%$。Z3 列表示采用 6.4 节中的分解算法求得的解的下界，分解算法的第二步采用了两种方法，因此可以得到两种下界值，这里只取较优值。T3 列表示分解算法的计算时间（单位：秒）。GAP3 列表示 VNS 算法与分解算法之间的差值比。$GAP3 = (Z0 - Z3)/Z0 \times 100\%$。该差值比越小，则说明 VNS 算法得到的解越接近最优值。

对于 A 组所有算例，VNS 算法的解均优于 MA 与 LNS 算法，VNS 算法与 MA、LNS 算法的平均差值比为 5.73%、1.68%。对于 B 组所有算例，VNS 算法的解均优于 MA 算法；除了 2 个算例，VNS 算法的解均优于 LNS 算法；VNS 算法与 MA、LNS 算法的平均差值比为 4.16%、0.45%。对于 P 组所有算例，VNS 算法的解均优于 MA 算法；除了 4 个算例，VNS 算法的解均优于 LNS 算法；VNS 算法与 MA、LNS 算法的平均差值比为 6.05%、1.95%。对于 A、B、P 三组所有算例，LNS 算法的平均运行时间最短，在 30 秒左右；MA 算法的平均运行时间次之，在 50 秒左右；VNS 的平均运行时间最长，在 120 秒左右。综上所述，本书提出的 VNS 算法虽然运行时间较 MA 与 LNS 算法略长，但其整体运行效果最优。

对于 A、B、P 三组算例，分解算法得到的下界解与 VNS 算法得到的解之间的平均差值比为 21.10%、18.71%、19.90%。虽然平均差值比比较大，但其在一定程度上反映了 VNS 算法的稳定性，而且优于 Ngueveu et al.（2010）和 Ribeiro 和 Laporte（2012）中的差值比。Ngueveu et al.（2010）和 Ribeiro 和 Laporte（2012）在求解 CCVRP 问题时，其下界解与最优解之间的差值比在 30% 左右。这充分说明本书提出的分解算法是有效的。

6.5.4　不同目标求解

为了测试本章提出的变邻域算法对其他问题的效果，我们假设原问题的目标为最小化所有订单加权交付时间之和，并将变邻域算法的结果与第五章提出的改进遗传算法做对比。各个订单的权重服从离散均匀分布 U[1, 5]。表 6-5 表示在目标为最小化所有订单加权交付时间之和的情况下，对 A、B 和 P 三组算例分别采取遗传算法与变邻域算法得到的解。Z4 和 Z5 分别表示遗传算法与变邻域算法得到的解。GAP4 表示遗传算法与变邻域算法之间的差距百分比。显然，在目标为最小化所有订单加权交付时间之和的情况下，变邻域算法优于遗传算法，更适合解决该问题。

表 6-5　对 A、B 和 P 三组算例企业方法与 GTS 算法得到的解
（最小化最晚订单交付时间）

Case	Z4	Z5	GAP4 (%)	Case	Z4	Z5	GAP4 (%)	Case	Z4	Z5	GAP4 (%)
A-n32-k5	30560	26801	12.30	A-n65-k9	102061	99981	2.04	B-n68-k9	92644	82382	11.08
A-n33-k5	27104	27029	0.28	A-n69-k9	96742	88766	8.24	B-n78-k10	99653	97023	2.64
A-n33-k6	28257	27563	2.46	A-n80-k10	136001	126099	7.28	P-n16-k8	6660	5819	12.63
A-n34-k5	27953	27097	3.06	B-n31-k5	27400	23092	15.72	P-n19-k2	13679	13199	3.51
A-n36-k5	29629	28548	3.65	B-n34-k5	27840	26363	5.31	P-n20-k2	14814	13625	8.03
A-n37-k5	31928	27864	12.73	B-n35-k5	38894	34670	10.86	P-n21-k2	14113	13431	4.83
A-n37-k6	37389	37028	0.97	B-n38-k6	33623	30798	8.40	P-n22-k2	14427	13278	7.96
A-n38-k5	35199	34059	3.24	B-n39-k5	35428	28296	20.13	P-n40-k5	44651	36429	18.41

续表

Case	Z4	Z5	GAP4（%）	Case	Z4	Z5	GAP4（%）	Case	Z4	Z5	GAP4（%）
A－n39－k5	39128	36049	7.87	B－n41－k6	48512	41906	13.62	P－n45－k5	55603	46813	15.81
A－n39－k6	35404	33236	6.12	B－n43－k6	42848	36456	14.92	P－n50－k7	86026	71981	16.33
A－n44－k6	47775	46958	1.71	B－n44－k7	51955	42456	18.28	P－n50－k8	89506	87241	2.53
A－n45－k6	56139	52049	7.29	B－n45－k5	44859	43163	3.78	P－n50－k10	79003	65190	17.48
A－n45－k7	45427	44572	1.88	B－n45－k6	52044	50026	3.88	P－n51－k10	62206	58949	5.24
A－n46－k7	47779	44645	6.56	B－n50－k7	42563	41791	1.81	P－n55－k7	100406	95368	5.02
A－n48－k7	54918	50228	8.54	B－n50－k8	66615	58671	11.93	P－n55－k8	97682	78889	19.24
A－n53－k7	66360	57647	13.13	B－n51－k7	69275	61691	10.95	P－n55－k10	97313	79329	18.48
A－n54－k7	65671	65358	0.48	B－n52－k7	63476	52158	17.83	P－n60－k10	102735	87856	14.48
A－n55－k9	79548	67399	15.27	B－n56－k7	61185	51952	15.09	P－n60－k15	95938	82356	14.16
A－n60－k9	93972	77056	18.00	B－n57－k7	76394	69098	9.55	P－n65－k10	128938	111157	13.79
A－n61－k9	96831	95853	1.01	B－n57－k9	85416	69099	19.10	P－n70－k10	151189	143068	5.37
A－n62－k8	92145	79397	13.83	B－n63－k10	85632	68583	19.91	P－n76－k4	182731	167549	8.31
A－n63－k9	111543	103651	7.08	B－n64－k9	91611	87345	4.66	P－n76－k5	192277	168421	12.41
A－n63－k10	97488	82122	15.76	B－n66－k9	95558	90756	5.03	P－n101－k4	258090	249638	3.27
A－n64－k9	95853	83415	12.98	B－n67－k10	93042	82323	11.52	—	—	—	—

6.6 本章小结

本章继续研究了未给定订单加工完成时间的生产与运输协同调度问题，目标是最小化所有订单的交付时间之和。生产阶段需要决策订单在单机器的生产顺序，运输阶段需要决策订单的装载与车辆运输路径。对该 NP 难题，本书提出一种变邻域求解算法，首先定义该问题的一个最优解性质，基于此性质采用三种算法构造了初始可行解。然后，设计出八种邻域结构，每种邻域结构可执行集中搜索或执行分散搜索机制，而且在每一种邻域结构中将禁忌搜索作为局部搜索算法。另外，提出了一种分解算法计算问题的下界。在实验部分，为衡量变邻域算法的有效性，对小规模算例利用 CPLEX

软件求解并与变邻域算法比较；对大规模算例利用已有文献提出的遗传算法与大邻域算法求解并与变邻域算法比较，另外采用分解算法计算问题的下界衡量变邻域算法的效果。实验证明，变邻域算法优于遗传算法与大邻域算法，且能够提供最优或近似最优的解决方案。

第7章 总结与展望

7.1 全文总结

随着市场竞争的日益激烈和客户期望值的日益增长,企业及其合作伙伴所组成的供应链与其竞争对手的供应链之间的竞争也愈演愈烈。传统的生产和运输调度方法已经无法满足企业需求,越来越多的企业开始关注二者的协同调度,以降低供应链运营成本及提高客户服务水平。对于时间敏感性产品以及快速消费品,在生产环节,由于产品的特性及市场需求的不确定性等因素,这些企业普遍采用按订单生产模式,产品生产完毕后直接运输到客户;在运输环节,由于车辆数目有限,为合理利用资源,不同客户的订单被安排在一起运输并对运输路径进行优化。在按订单生产模式下,产品具有很少的库存,甚至没有库存,产品库存的减少使得生产环节和运输环节的联系更加紧密,这使得生产运输集成调度成为可能。生产与运输协同调度可以在保证客户服务水平的前提下,降低供应链运营成本,实现供应链整体的优化。

本书以面向订单制造的企业中生产与运输的协同调度为背景,提炼科学问题,扩展了传统的车辆路径问题,研究了考虑车辆优化路径模式下的单机器生产与车辆运输协同调度问题。在生产机器约束、车辆容积约束及车辆使用数量约束下，设定不同的目标函数，从多个方面对客户服务水平进行优化，并对相关问题的属性进行分析，提出了解决该类问题的多种算法，研究结论主要包括以下三个方面。

（1）建立给定订单加工完成时间的车辆路径问题的数学模型，目标为最小化所有路径的完成时间之和。在企业实际运营中，所有车辆必须在仓库等待其运载的订单拣选完毕才能出发，属于具有订单可得时间的车辆运输问题。每条路径的完成时间等于车辆的等待时间与车辆行驶时间之和。本书首先设计一种禁忌搜索算法获取该问题的优化解，在该禁忌搜索算法中应用了颗粒邻域结构加快对邻域解的搜索速度。然后基于拉格朗日松弛算法，应用动态规划方法求得该问题的下界，并基于经典算例的最优解提出了另一种求解下界的算法与拉格朗日松弛算法相比较。在实验部分，通过算例计算，验证了禁忌搜索算法与拉格朗日松弛算法的有效性。另外，还将该禁忌搜索算法与企业实际操作方法进行比较，结果证明本书提出的算法优于企业现行操作方法。

（2）建立未给定订单加工完成时间的生产与运输协同调度问题的数学模型，目标为最小化完工时间。在该问题中，生产阶段需要对订单排序，运输阶段需要对路径排序，希冀通过生产与运输环节的有效协同，提高企业的运行效率及客户服务水平。首先针对该问题提出一个最优解性质，并在该性质的基础上提出两种订单分批的算法；再从整体与分解的角度提出一种混合遗传算法和一种二阶段算法，分别对该问题进行求解，并采用了一种局部优化算法提高每条路径的质量；最后通过多种规模算例验证两种启发式算法的效果。实验结果证明同时考虑订单生产决策与车辆路径决策的混合遗传算法优于将二者分开决策的二阶段算法，且本书提出的订单分批算法及局部优化算法是有效的。该研究证明企业协同考虑生产与运输调度问题要优于分开考虑该两个问题，协同调度更加有利于进一步提高客户服务水平。

（3）建立未给定订单加工完成时间的生产与运输协同调度问题的数学模型，目标为最小化所有订单的交付时间之和。相比前两个问题，通过生产与运输环节的有效协同该目标更进一步地关注了客户服务水平的优化，优化了每一个客户的服务时间。针对该问题，本书提出了一种基于邻域解的变邻域算法，首先提出一个最优解性质，并在该性质的基础上构造初始可行解；再从集中与分散的角度提出八种邻域结构，并将禁忌算法作为局部搜索算法用于各个邻域结构的探索中；还提出了一种分解算法来计算问题的下界；最后设计多种规模算例验证该变邻域算法的效果。通过与 CPLEX 软件、已有的两种启发式算法及下界解相比较，证明该变邻域算法能获得最优或近似最优的解决方案，且优于已有的两种启发式算法。

7.2 研究展望

本书研究内容是根据实际企业中存在的生产与运输协同调度问题而展开的，其中优化的目标和约束条件都来自企业实际的基本需求。若企业实际发生变化，或需考虑更多的需求，则相应的数学模型会发生改变。因此，本研究仍有一些新问题有待深入探讨。

(1) 生产阶段考虑订单的实时动态下达。在现有的调度问题研究中，我们往往假设在零时刻所有订单已下达工厂，可在任意时间生产客户所需的产品。在实时的供应链协同调度问题中，会出现订单动态下到达工厂，在零时刻并不是所有的客户需求都是已知的，即每个订单在工厂的最早有效加工时间并不相同。在最后一个订单下达之前需要实时调整生产计划。

(2) 运输阶段考虑时间窗约束。一系列车辆从站点出发，为处在不同地理位置、具有不同货物需求和不同服务时间窗要求的所有顾客提供服务，然后返回站点，其中每辆车只为每个顾客服务一次。一般目标是最小化车辆的行驶时间和等待时间之和，同时保证顾客在时间窗内得到服务。根据时间约束的严格与否，带时间窗的车辆路径问题可以被分为软时间窗和硬时间窗车辆路径问题。软时间窗车辆路径问题要求配送车辆尽可能在时间窗内到达访问，否则将给予一定的惩罚。硬时间窗车辆路径问题则要求必须在时间窗内到达访问，否则服务被客户拒绝。

(3) 目标函数包括对客户服务水平与企业运行成本的均衡优化。客户服务水平一般由订单的交付时间来决定。企业运行成本则包括生产成本及运输成本，例如机器的固定成本、生产的变动成本、运输车辆的固定成本、车辆行驶的变动成本等。当目标函数为时间与成本的权衡时，需根据二者在企业中的重要程度给予合适的权重。例如，当时间与成本的权重为 0.5 时，说明在该企业中时间与成本同等重要；当时间的权重为 1 而成本的权重为 0 时，则说明时间优先于成本考虑，目标函数变为本书中提出的以时间优化为基础的目标函数。

（4）精确算法的开发。随着数学理论的进步和计算机计算能力的提高，为获取问题的精确解，可进一步研究其大规模问题的精确算法，如分支定界、列生成及分支定价算法等。分支定界算法把全部可行解空间不断分割为越来越小的子集，并为每个子集内的解的值计算一个下界或上界，一直进行该过程到找出可行解为止，该可行解的值不大于任何子集的界限。列生成算法通过单纯型方法不断找出各种新可行方案的同时，也通过判断删除较差的方案。分支定价算法在分支定界方法内加入一些有效不等式，减少搜索空间和计算量，让整个运算加快收敛，得到最优解。

参考文献

[1] 柏孟卓,陈峰,唐国春,2007,《供应链管理中生产和运输集成的排序问题》,《工业工程与管理》,12(5):547-50。

[2] 柏孟卓,唐国春,2009,《与交货期有关的供应链排序问题》,《运筹学学报》,13(1):113-119。

[3] 陈荣秋,马士华,1999,《生产与运作管理》,高等教育出版社。

[4] 桂华明,马士华,2008,《运输成本对批量敏感时的供应链批量协调策略比较研究》,《中国管理科学》,16(2):49-56。

[5] 宫华,唐立新,2011,《并行机生产与具有等待时间限制的成批运输协调调度问题》,《控制与决策》,26(6):921-924。

[6] 宫华,张彪,许可,2015,《并行机生产与成批配送协调调度问题的近似策略》,《沈阳工业大学学报》,37(3):324-328。

[7] 胡运权,郭耀煌,2012,《运筹学教程》,清华大学出版社。

[8] 蒋大奎,2012,《按单生产直达运输模式下的生产运输集成调度问题研究》,天津大学博士学位论文。

[9] 靳志宏,2008,《物流调度与协调》,中国物资出版社。

[10] 李昆鹏,马士华,2007,《ATO供应链中航空运输及并行机生产协调调度问题》,《系统工程理论与实践》,27(12):7-15。

［11］李娜，王首彬，2011，《不确定需求下易腐产品的生产配送优化模型》，《计算机应用研究》，28（3）：927-929。

［12］马雪丽，王淑云，刘晓冰等，2017，《易腐食品二级供应链生产调度与配送路线的协同优化》，《工业工程与管理》，22（2）：46-52。

［13］唐国春，2006，《供应链排序的模型和方法》，中国运筹学会第八届学术交流会论文集，（中国）香港。

［14］孙鑫，陈秋双，龙磊，徐海涛，2006，《三层供应链联合调度算法研究》，《计算机集成制造系统》，12（4）：590-595。

［15］王万良，吴启迪，2007，《生产调度智能算法及其应用》，科学出版社。

［16］汪定伟，王俊伟，王洪峰，张瑞友，郭哲，2007，《智能优化算法》，高等教育出版社。

［17］吴瑶，马祖军，2017，《时变路网下带时间窗的易腐食品生产—配送问题》，《系统工程理论与实践》，37（1）：172-181。

［18］徐建有，2015，《基于智能优化算法的生产调度问题研究》，东北大学博士学位论文。

［19］叶秉如，2001，《水资源系统优化规划和调度》，中国水利水电出版社。

［20］周黍雨，2012，《制造与仓储管理中的若干排序问题的精确算法研究》，华东理工大学博士学位论文。

［21］Anderson D., Lee H., "Synchronized Supply Chains: The New Frontier," *Ascet* 6 (1) (1999): 56-59.

［22］Armstrong R., Gao S., Lei L., "A Zero-inventory Production and Distribution Problem with a Fixed Customer Sequence," *Annals of Operations Research* 159 (1) (2008): 395-414.

[23] Armentano V. A., Shiguemoto A. L., Løkketangen A., "Tabu Search with Path Relinking for an Integrated Production – Distribution Problem," *Computers & Operations Research* 38 (8) (2011): 1199-1209.

[24] Abdeljaoued M. A., Saadani N. E. H., Bahroun Z., "Heuristic and Aetaheuristic Approaches for Parallel Machine Scheduling Under Resource Constraints," *Operational Research* (2018): 1-24.

[25] Avella P., Boccia M., Vasilyev I., "Lifted and Local Reachability Cuts for the Vehicle Routing Problem with Time Windows," *Computers & Operations Research* 40 (8) (2013): 2004-2010.

[26] Adulyasak Y., Cordeau J. F., Jans R., "Optimization – based Adaptive Large Neighborhood Search for the Production Routing Problem," *Transportation Science* 48 (1) (2012): 20-45.

[27] Amorim P., Günther H. O., Almada – Lobo B., "Multi – objective Integrated Production and Distribution Planning of Perishable Products," *International Journal of Production Economics* 138 (1) (2012): 89-101.

[28] Archetti C., Feillet D., Speranza M. G., "Complexity of Routing Problems with Release Dates," *European Journal of Operational Research* 247 (3) (2015): 797-803.

[29] Averbakh I., "On – line Integrated Production – distribution Scheduling Problems with Capacitated Deliveries," *European Journal of Operational Research* 200 (2) (2010): 377-384.

[30] Averbakh I., "Baysan M. Semi-online Two-level Supply Chain Scheduling Problems", *Journal of Scheduling* 15 (3) (2012): 381-390.

[31] Asbach L., Dorndorf U., Pesch E., "Analysis, Modeling and Solution of the Concrete Delivery Problem," *European Journal of Operational Research* 193 (3) (2009): 820-835.

[32] Agnetis A., Aloulou M. A., Fu L. L., "Coordination of Production and Interstage Batch Delivery with Outsourced Distribution," *European Journal of Operational Research* 238 (1) (2014): 130-142.

[33] Agnetis A., Aloulou M. A., Fu L. L., et al., "Two Faster Algorithms for Coordination of Production and Batch Delivery: A Note," *European Journal of Operational Research* 241 (3) (2015): 927-930.

[34] Agnetis A., Aloulou M. A., Kovalyov M. Y., "Integrated Production Scheduling and Batch Delivery with Fixed Departure Times and Inventory Holding Costs," *International Journal of Production Research* 55 (20) (2017): 6193-6206.

[35] Annouch A., Bouyahyaoui K., Bellabdaoui A., A Literature Review on the Full Truckload Vehicle Routing Problems (International Conference On Logistics Operations Management. IEEE, 2016), 21-35.

[36] Alvarenga G. B., Mateus G. R., De Tomi G., "A Genetic and Set Partitioning Two-phase Approach for the Vehicle Routing Problem with Time Windows," *Computers & Operations Research* 34 (6) (2007): 1561-1584.

[37] Anghinolfi D., Paolucci M., "A New Discrete Particle Swarm Optimization Approach for the Single－machine Total Weighted Tardiness Scheduling Problem with Sequence－dependent Setup Times," *European Journal of Operational Research* 193 (1) (2009): 73－85.

[38] Balseiro S. R., Loiseau I., Ramonet J., "An Ant Colony Algorithm Hybridized with Insertion Heuristics for the Time Dependent Vehicle Routing Problem with Time Windows," *Computers & Operations Research* 38 (6) (2011): 954－966.

[39] Bashiri M., Badri H., Talebi J., "A New Approach to Tactical and Strategic Planning in Production－distribution Networks," *Applied Mathematical Modelling* 36 (4) (2012): 1703－1717.

[40] Belo－Filho M. A. F., Amorim P., Almada－Lobo B., "An Adaptive Large Neighbourhood Search for the Operational Integrated Production and Distribution Problem of Perishable Products," *International Journal of Production Research* 53 (20) (2015): 6040－6058.

[41] Berhan E., Beshah B., Kitaw D., "Stochastic Vehicle Routing Problem: A Literature Survey," *Journal of Information & Knowledge Management* 13 (03) (2014): 1－12.

[42] Bard J. F., Nananukul N., "A Branch－and－price Algorithm for an Integrated Production and Inventory Routing Problem," *Computers & Operations Research* 37 (12) (2010): 2202－2217.

[43] Bai J., Li Z. R., Wang J. J., "Single Machine Common Flow Allowance Scheduling with Deteriorating Jobs and a Rate－Modifying Activity," *Applied Mathematical Modelling* 38 (23) (2014): 5431－5438.

[44] Bilgen B., Ozkarahan I., "Strategic Tactical and Operational Production – distribution Models: A Review," *International Journal of Technology Management* 28 (2) (2004): 151 – 171.

[45] Brandão J., "A Tabu Search Algorithm for the Open Vehicle Routing Problem," *European Journal of Operational Research* 157 (3) (2004): 552 – 564.

[46] Boudia M., Prins C., "A Memetic Algorithm with Dynamic Population Management for an Integrated Production – Distribution Problem," *European Journal of Operational Research* 195 (3) (2009): 703 – 715.

[47] Balinski M. L., Quandt R. E., "On an Integer Program for a Delivery Problem," *Operations Research* 12 (2) (1964): 300 – 304.

[48] Chen B., Potts C. N., Woeginger G. J., "A Review of Machine Scheduling: Complexity, Algorithms and Approximability," *Handbook of Combinatorial Optimization* (New York: Springer, 1998).

[49] Chen L., Ye D. S., Zhang G. C., "Parallel Machine Scheduling with Speed – up Resources," *European Journal of Operational Research* 268 (1) (2018): 108 – 112.

[50] Christofides N., Mingozzi A., Toth P., "Exact Algorithms for the Vehicle Routing Problem, Based on Spanning Tree and Shortest Path Relaxations," *Mathematical Programming* 20 (1) (1981): 255 – 282.

[51] Chang Y. C., Chang K. H., Chang T. K., "Applied Column Generation – based Approach to Solve Supply Chain Scheduling

Problems," *International Journal of Production Research* 51 (13) (2013): 4070 – 4086.

[52] Chang Y. C., Li V. C., Chiang C. J., "An Ant Colony Optimization Heuristic for an Integrated Production and Distribution Scheduling Problem," *Engineering Optimization* 46 (4) (2014): 503 – 520.

[53] Chen H. K., Hsueh C. F., Chang M. S., "Production Scheduling and Vehicle Routing with Time Windows for Perishable Food Products," *Computers & Operations Research* 36 (7) (2009): 2311 – 2319.

[54] Cheng B., Cai J., Yang S. et al., "Algorithms for Scheduling Incompatible Job Families on Single Batching Machine with Limited Capacity," *Computers & Industrial Engineering* 75 (1) (2014A): 116 – 120.

[55] Cheng T., Liu C., Lee W., "Two – agent Single – machine Scheduling to Minimize the Weighted Sum of the Agents' Objective Functions," *Computers & Industrial Engineering* 78 (2014B): 66 – 73.

[56] Condotta A., Knust S., Meier D., "Tabu Search and Lower Bounds for a Combined Production – transportation Problem," *Computers & Operations Research* 40 (3) (2013): 886 – 900.

[57] Chang Y. C., Lee C. Y., "Machine Scheduling with Job Delivery Coordination," *European Journal of Operational Research* 158 (2) (2004): 470 – 487.

[58] Cakici E., Mason S. J., Kurz M. E., "Multi – objective Analysis of an Integrated Supply Chain Scheduling Problem," *International Journal of Production Research* 50 (10) (2012): 2624 – 2638.

[59] Chu P. C., Beasley J. E., "A Genetic Algorithm for the Generalised Assignment Problem," *Computers & Operations Research* 24 (1) (1997): 17 – 23.

[60] Campbell A. M., Vandenbussche D., Hermann W., "Routing for Relief Efforts," *Transportation Science* 42 (2) (2008): 127 – 145.

[61] Chen Z. L., "Integrated Production and Outbound Distribution Scheduling: Review and Extensions," *Operations Research* 58 (1) (2010): 130 – 148.

[62] Chen Z. L., Vairaktarakis G. L., "Integrated Scheduling of Production and Distribution Operations," *Management Science* 51 (4) (2005): 614 – 628.

[63] Chen B., Lee C. Y., "Logistics Scheduling with Batching and Transportation," *European Journal of Operational Research* 189 (3) (2008): 871 – 876.

[64] Cheng T., Gordon V. S., Kovalyov M. Y., "Single Machine Scheduling with Batch Deliveries," *European Journal of Operational Research* 94 (2) (1996): 277 – 283.

[65] Chen Z. L., Pundoor G., "Integrated Order Scheduling and Packing," *Production and Operations Management* 18 (6) (2009): 672 – 692.

[66] Crauwels H. A. J., Potts C. N., Van Wassenhove L. N., "Local Search Heuristics for Single – machine Scheduling with Batching to Minimize the Number of Late Jobs," *European Journal of Operational Research* 90 (2): (1996) 200 – 213.

[67] Chen B., Potts C. N., Woeginger G. J., *A Review of Machine Scheduling: Complexity, Algorithms and Approximability* (New York: Springer, 1998).

[68] Clarke G. U., Wright J. W., "Scheduling of Vehicles from a Central Depot to a Number of Delivery Points," *Operations Research* 12 (4) (1964): 568-581.

[69] Cordeau J. F., Laporte G., Mercier A., "A Unified Tabu Search Heuristic for Vehicle Routing Problems with Time Windows," *Journal of the Operational Research Society* 52 (8) (2001): 928-936.

[70] Cordeau J. F., Maischberger M., "A Parallel Iterated Tabu Search Heuristic for Vehicle Routing Problems," *Computers & Operations Research* 39 (9) (2012): 2033-2050.

[71] Devapriya P., Ferrell W., Geismar N., "Integrated Production and Distribution Scheduling with a Perishable Product," *European Journal of Operational Research* 259 (3) (2017): 906-916.

[72] De Jaegere N., Defraeye M., Van Nieuwenhuyse I., "The Vehicle Routing Problem: State of the Art Classification and Review," *Computers & Industrial Engineering* 99 (2016): 300-313.

[73] Dewi P. C., Amelia S., Vehicle Routing Problem (VRP) for Courier Service: A Review (Matec Web of Conferences, 2018), pp.1-9.

[74] Dhawan C., Kumar Nassa V., "Review on Vehicle Routing Problem Using Ant Colony Optimization," *International Journal of Advanced Research in Computer Science* 6 (5) (2014): 74-78.

[75] Dabia S., Ropke S., Van Woensel T., "Branch and Price for the Time-dependent Vehicle Routing Problem with Time Windows," *Transportation Science* 47 (3) (2013): 380-396.

[76] Desrosiers J., Dumas Y., Solomon M. M., "Chapter 2, Time Constrained Routing and Scheduling," *Handbooks in Operations Research and Management Science* 8 (1995): 35-139.

[77] Dorigo M., Birattari M., *Ant Colony Optimization* (New York: Springer, 2010).

[78] Desrochers M., Desrosiers J., Solomon M., "A New Optimization Algorithm for the Vehicle Routing Problem with Time Windows," *Operations Research* 40 (2) (1992): 342-354.

[79] Dawande M., Geismar H. N., Hall N. G., Sriskandarajah C., "Supply Chain Scheduling: Distribution Systems," *Production and Operations Management* 15 (2) (2006): 243-261.

[80] Desrochers M., Lenstra J. K., Savelsbergh M. W., "A Classification Scheme for Vehicle Routing and Scheduling Problems," *European Journal of Operational Research* 46 (3) (1990): 322-332.

[81] Eglese R., Zambirinis S., "Disruption Management in Vehicle Routing and Scheduling for Road Freight Transport: A Review," *Top* 26 (1) (2018): 1-17.

[82] Eksioglu B., Vural A. V., Reisman A., "Survey: The Vehicle Routing Problem: A Taxonomic Review," *Computers & Industrial Engineering* 57 (4) (2009): 1472-1483.

[83] Erengüç Ş. S., Simpson N. C., Vakharia A. J., "Integrated

Production/Distribution Planning in Supply Chains: An Invited Review," *European Journal of Operational Research* 115 (2) (1999): 219 – 236.

[84] Edis E. B., Oguz C., Ozkarahan I., "Parallel Machine Scheduling with Additional Resources: Notation, Classification, Models and Solution Methods," *European Journal of Operational Research* 230 (3) (2013): 449 – 463.

[85] Eilon S., Watson – Gandy C. D. T., Christofides N., et al., "Distribution Management – mathematical Modelling and Practical Analysis," *IEEE, Transactions On Systems Man & Cybernetics* 21 (6) (1974): 589 – 589.

[86] Ehmke J. F., Campbell A. M., Urban T. L., "Ensuring Service Levels in Routing Problems with Time Windows and Stochastic Travel Times," *European Journal of Operational Research* 240 (2) (2015): 539 – 550.

[87] Fisher M. L., "The Lagrangian Relaxation Method for Solving Integer Programming Problems," *Management Science* 50 (12 _ Supplement) (2004): 1861 – 1871.

[88] Fisher M. L., "An Applications Oriented Guide to Lagrangian Relaxation," *Interfaces* 15 (2) (1985): 10 – 21.

[89] Fisher M. L., Jaikumar R., "A Generalized Assignment Heuristic for Vehicle Routing," *Networks* 11 (2) (1981): 109 – 124.

[90] Fisher M. L., Jaikumar R., A Decomposition Algorithm for Large – scale Vehicle Routing (Wharton School, University of

Pennsylvania, 1978).

[91] Fu B., Huo Y., Zhao H., "Coordinated Scheduling of Production and Delivery with Production Window and Delivery Capacity Constraints," *Theoretical Computer Science* 422 (2012): 39 – 51.

[92] Farahani P., Grunow M., Günther H. O., "Integrated Production and Distribution Planning for Perishable Food Products," *Flexible Services and Manufacturing Journal* 24 (1) (2012): 28 – 51.

[93] Fu L. L., Aloulou M. A., Triki C., "Integrated Production Scheduling and Vehicle Routing Problem with Job Splitting and Delivery Time Windows," *International Journal of Production Research* 55 (20) (2017): 5942 – 5957.

[94] Fleszar K., Osman I. H., Hindi K. S., "A Variable Neighbourhood Search Algorithm for the Open Vehicle Routing Problem," *European Journal of Operational Research* 195 (3) (2009): 803 – 809.

[95] Fleszar K., Hindi K. S., "Algorithms for the Unrelated Parallel Machine Scheduling Problem with Are Source Constraint," *European Journal of Operational Research* 271 (3) (2018): 839 – 848.

[96] Fatih Tasgetiren M., Liang Y. C., Sevkli M., "Particle Swarm Optimization and Differential Evolution for the Single Machine Total Weighted Tardiness Problem," *International Journal of Production Research* 44 (22) (2006): 4737 – 4754.

[97] Fanjul – Peyro L., Perea F., Ruiz, Rubén., "Models and Matheuristics for the Unrelated Parallel Machine Scheduling Problem with Additional Resources," *European Journal of Operational Re-*

search 260 (2) (2017): 482-493.

[98] Funke B., Tore Grünert, Irnich S., "Local Search for Vehicle Routing and Scheduling Problems: Review and Conceptual Integration," *Journal of Heuristics* 11 (4) (2005): 267-306.

[99] Gupta A., Saini S., "On Solutions to Vehicle Routing Problems Using Swarm Optimization Techniques: A Review," *Advances in Computer and Computational Sciences* 553 (2017): 345-354.

[100] Gendreau M., Ghiani G., Guerriero E., "Time-dependent Routing Problems: A Review," *Computers & Operations Research* 64 (2015): 189-197.

[101] Goetschalckx M., Vidal C. J., Dogan K., "Modeling and Design of Global Logistics Systems: A Review of Integrated Strategic and Tactical Models and Design Algorithms," *European Journal of Operational Research* 143 (1) (2002): 1-18.

[102] Guo Z., Shi L., Chen L., "A Harmony Search-based Memetic Optimization Model for Integrated Production and Transportation Scheduling in MTO Manufacturing," *Omega* 66 (2017): 327-343.

[103] Garcia J., Lozano S., "Production and Vehicle Scheduling for Ready-mix Operations," *Computers & Industrial Engineering* 46 (4) (2004): 803-816.

[104] Garcia J. M., Lozano S., Canca D., "Coordinated Scheduling of Production and Delivery from Multiple Plants," *Robotics and Computer-Integrated Manufacturing* 20 (3) (2004): 191-198.

[105] Garcia J. M., Lozano S., "Production and Delivery Scheduling Problem with Time Windows," *Computers & Industrial Engineering* 48 (4) (2005): 733-742.

[106] Geismar H. N., Laporte G., Lei L., Sriskandarajah C., "The Integrated Production and Transportation Scheduling Problem for a Product with a Short Lifespan," *Informs Journal on Computing* 20 (1) (2008): 21-33.

[107] Gillett B. E., Miller L. R., "A Heuristic Algorithm for The Vehicle-dispatch Problem," *Operations Research* 22 (2) (1974): 340-349.

[108] Glover F., "Heuristics for Integer Programming Using Surrogate Constraints," *Decision Sciences* 8 (1) (1977): 156-166.

[109] Glover F., "Future Paths for Integer Programming and Links to Artificial Intelligence," *Computers & Operations Research* 13 (5) (1986): 533-549.

[110] Gong Y. J., Zhang J., Liu O., "Optimizing the Vehicle Routing Problem with Time Windows: a Discrete Particle Swarm Optimization Approach," *IEEE, Transactions On Systems Man & Cybernetics* Part C 42 (2) (2012): 254-267.

[111] Guignard M., Kim S., "Lagrangean Decomposition: A Model Yielding Stronger Lagrangean Bounds," *Mathematical Programming* 39 (2) (1987): 215-228.

[112] Graham R. L., Lawler E. L., Lenstra J. K., "Optimization and Approximation in Deterministic Sequencing and Scheduling: A Survey," *Annals of Discrete Mathematics* 5 (1) (1979): 287-326.

[113] Gabel T., Riedmiller M., "Distributed Policy Search Reinforcement Learning for Job – shop Scheduling Tasks," *International Journal of Production Research* 50 (1) (2012): 41–61.

[114] Gupta J. N. D., "Two – stage, Hybrid Flowshop Scheduling Problem," *Journal of the Operational Research Society* 39 (4) (1988): 359–364.

[115] Huo Y., Leung J. Y. T., Wang X., "Integrated Production and Delivery Scheduling with Disjoint Windows," *Discrete Applied Mathematics* 158 (8) (2010): 921–931.

[116] Hammond J. H., Coordination as the Basis for Quick Response: A Case for Virtualintegration in Supply Networks (Graduate School of Business Administration, Harvard University, 1992).

[117] Hall N. G., Potts C. N., "Supply Chain Scheduling: Batching and Delivery," *Operations Research* 51 (4) (2003): 566–584.

[118] Ho S. C., Gendreau M., "Path Relinking for the Vehicle Routing Problem," *Journal of Heuristics* 12 (1) (2006): 55–72.

[119] Held M., Wolfe P., Crowder H P., "Validation of Subgradient Optimization," *Mathematical Programming* 6 (1) (1974): 62–88.

[120] Herrmann J. W., Lee C. Y., "On Scheduling to Minimize Earliness – tardiness and Batch Delivery Costs with a Common Due Date," *European Journal of Operational Research* 70 (3) (1993): 272–288.

[121] Hemmelmayr V. C., Doerner K. F., Hartl R. F., "A Variable Neighborhood Search Heuristic for Periodic Routing Problems," *European Journal of Operational Research* 195 (3) (2009): 791–802.

[122] Hall N. G., Potts C. N., "The Coordination of Scheduling and Batch Deliveries," *Annals of Operations Research* 135 (1) (2005): 41-64.

[123] Hong S. C., Park Y B., "A Heuristic for Bi-objective Vehicle Routing with Time Window Constraints," *International Journal of Production Economics* 62 (3) (1999): 249-258.

[124] Holland J. H., Adaptation in Natural and Artificial Systems: An Introductory Analysis with Applications to Biology, Control and Artificial Intelligence (Detroit: University of Michigan Press, 1975).

[125] He J., Li Q., Xu D., "Scheduling Two Parallel Machines with Machine-dependent Availabilities," *Computers & Operations Research* 72 (1) (2016): 31-42.

[126] Herr O., Goel A., "Comparison of Two Integer Programming Formulations for a Single Machine Family Scheduling Problem to Minimize Total Tardiness," *Procedia Cirp* 19 (2014): 174-179.

[127] Han B., Zhang W., Lu X., "On-line Supply Chain Scheduling for Single-machine and Parallel-machine Configurations with a Single Customer: Minimizing the Makespan and Delivery Cost," *European Journal of Operational Research* 244 (3) (2015): 704-714.

[128] Imai A., Nishimura E., Current J., "A Lagrangian Relaxation-based Heuristic for the Vehicle Routing with Full Container Load," *European Journal of Operational Research* 176 (1) (2007): 87-105.

[129] İsmail Karaoğlan, Kesen S. E. , "The Coordinated Production and Transportation Scheduling Problem with a Time – sensitive Product: A Branch – and – cut Algorithm," *International Journal of Production Research* 55 (2) (2017): 536 – 557.

[130] Jha J. , Shanker K. , "A Coordinated Two – phase Approach for Operational Decisions with Vehicle Routing in a Single – vendor Multi – buyer System," *International Journal of Production Research* 51 (5) (2013): 1426 – 1450.

[131] Ji M. , He Y. , Cheng T. E. , "Batch Delivery Scheduling with Batch Delivery Cost on a Single Machine," *European Journal of Operational Research* 176 (2) (2007): 745 – 755.

[132] Juan, *"Simulation – optimization Methods in Vehicle Routing Problems: A Literature Review and an Example,"* in Ángel A. , Faulin J. , Pérez Bernabeu, Elena, *Modeling and Simulation in Engineering, Economics, and Management* (Heidelberg: Springer, 2013).

[133] Kim G. , Ong Y. S. , Kim C. , "City Vehicle Routing Problem (City Vrp): a Review," *IEEE, Transactions on Intelligent Transportation Systems* 4 (16) (2015): 1654 – 1666.

[134] Kytöjoki J. , Nuortio T. , Bräysy O. , Gendreau M. , "An Efficient Variable Neighborhood Search Heuristic for Very Large Scale Vehicle Routing Problems," *Computers & Operations Research* 34 (9) (2007): 2743 – 2757.

[135] Kress D. , Meiswinkel S. , Pesch E. , "Mechanism Design for Machine Scheduling Problems: Classification and Literature O-

verview," *Or Spectrum* 40 (3) (2018 (A)): 583–611.

[136] Kress D., Barketau M., Pesch E., "Single-machine Batch Scheduling to Minimize the Total Setup Cost in the Presence of Deadlines," *Journal of Scheduling* 2 (2018 (B)): 1–12.

[137] Kacem I., Kellerer H., "Approximation Schemes for Minimizing the Maximum Lateness on a Single Machine with Release Times under Non-availability or Deadline Constraints," *Algorithmica*, 2 (2018): 1–19.

[138] Koulamas C., "The Single-machine Total Tardiness Scheduling Problem: Review and Extensions," *European Journal of Operational Research* 202 (1) (2010): 1–7.

[139] Koulamas C., "A New Constructive Heuristic for the Flowshop Scheduling Problem," *European Journal of Operational Research* 105 (1) (1998): 66–71.

[140] Ke L., Feng Z., "A Two-phase Metaheuristic for the Cumulative Capacitated Vehicle Routing Problem," *Computers & Operations Research* 40 (2) (2013): 633–638.

[141] Kirkpatrick S., Vecchi M. P., "Optimization by Simmulated Annealing," *Science* 42 (3) (1983): 671–680.

[142] Kilby P., Prosser P., Shaw P., *Guided Local Search for the Vehicle Routing Problem with Time Windows* (New York: Springer, 1999).

[143] Kim E. S., Oron D., "Multi-location Production and Delivery with Job Selection," *Computers & Operations Research* 40 (5)

(2013): 1461-1466.

[144] Kopanos G. M., Puigjaner L., Georgiadis M. C., "Simultaneous Production and Logistics Operations Planning in Semicontinuous Food Industries," *Omega* 40 (5) (2012): 634-650.

[145] Koc U., Toptal A., Sabuncuoglu I., "A Class of Joint Production and Transportation Planning Problems under Different Delivery Policies," *Operations Research Letters* 41 (1) (2013): 54-60.

[146] Khowala K., Fowler J., Keha A., "Single Machine Scheduling with Interfering Job Sets," *Computers & Operations Research* 45 (2014): 97-107.

[147] Kirlik G., Oguz C., "A Variable Neighborhood Search for Minimizing Total Weighted Tardiness with Sequence Dependent Setup Times on a Single Machine," *Computers & Operations Research* 39 (7) (2012): 1506-1520.

[148] Kohl N., Madsen O. B. G., "An Optimization Algorithm for the Vehicle Routing Problem with Time Windows Based on Lagrangian Relaxation," *Operations Research* 45 (3) (1997): 395-406.

[149] Li K., Chen B., Sivakumar A. I., "An Inventory-routing Problem with the Objective of Travel Time Minimization," *European Journal of Operational Research* 236 (3) (2014): 936-945.

[150] Li K., et al., "Integrated Production and Delivery with Single Machine and Multiple Vehicles," *Expert Systems with Applications* 57 (3) (2016), 12-20.

[151] Lin Y. K., "Scheduling Efficiency on Correlated Parallel Machine Scheduling Problems," *Operational Research* 18 (3) (2018): 603–624.

[152] Lee J., Kim B. I., Johnson A. L., "The Nuclear Medicine Production and Delivery Problem," *European Journal of Operational Research* 236 (2) (2014): 461–472.

[153] Laporte G., "The Vehicle Routing Problem: An Overview of Exact and Approximate Algorithms," *European Journal of Operational Research* 59 (3) (1992): 345–358.

[154] Laporte G., Mercure H., Nobert Y., "An Exact Algorithm for the Asymmetrical Capacitated Vehicle Routing Problem," *Networks* 16 (1) (1986): 33–46.

[155] Laporte G., Mercure H., Nobert Y., "A Branch and Bound Algorithm for a Class of Asymmetrical Vehicle Routeing Problems," *Journal of the Operational Research Society* 43 (5) (1992): 469–481.

[156] Laporte G., Nobert Y., Desrochers M., "Optimal Routing Under Capacity and Distance Restrictions," *Operations Research* 33 (5) (1985): 1050–1073.

[157] Li K., Sivakumar A. I., Ganesan V. K., "Complexities and Algorithms for Synchronized Scheduling of Parallel Machine Assembly and Air Transportation in Consumer Electronics Supply Chain," *European Journal of Operational Research* 187 (2) (2008): 442–455.

[158] Li C. L., Vairaktarakis G., "Coordinating Production and Dis-

tribution of Jobs with Bundling Operations," *Iie Transactions* 39 (2) (2007): 203 – 215.

[159] Lai P. J., Lee W. C., "Single – machine Scheduling with Learning and Forgetting Effects," *Applied Mathematical Modeling* 37 (6) (2013): 4509 – 4516.

[160] Liu P., Yi N., Zhou X., "Scheduling Two Agents with Sum – of – processing – times – based Deterioration on a Single Machine," *Applied Mathematics & Computation* 219 (17) (2013): 8848 – 8855.

[161] Li S., Yuan J., "Scheduling with Families of Jobs and Delivery Coordination under Job Availability," *Theoretical Computer Science* 410 (47) (2009): 4856 – 4863.

[162] Li S., Yuan J., Fan B., "Unbounded Parallel – batch Scheduling with Family Jobs and Delivery Coordination," *Information Processing Letters* 111 (12) (2011): 575 – 582., "

[163] Leung J. Y. T., Chen Z. L., "Integrated Production and Distribution with Fixed Delivery Departure Dates," *Operations Research Letters* 41 (3) (2013): 290 – 293.

[164] Lysgaard J., Wøhlk S., "A Branch – and – cut – and – price Algorithm for the Cumulative Capacitated Vehicle Routing Problem," *European Journal of Operational Research* 236 (3) (2014): 800 – 810.

[165] Luo Z., Qin H., Lim A., "Branch – and – price – and – cut for the Multiple Traveling Repairman Problem with Distance Constraints," *European Journal of Operational Research* 234 (1) (2014): 49 – 60.

[166] Liaw C. F., "A Hybrid Genetic Algorithm for the Open Shop Scheduling Problem," *European Journal of Operational Research* 124 (1) (2000): 28 – 42.

[167] Liu R., Yuan B., Jiang Z., "Mathematical Model and Exact Algorithm for the Home Care Worker Scheduling and Routing Problem with Lunch Break Requirements," *International Journal of Production Research* 55 (2) (2017): 558 – 575.

[168] Low C., Li R. K., Chang C. M., "Integrated Scheduling of Production and Delivery with Time Windows," *International Journal of Production Research* 51 (3) (2013): 897 – 909.

[169] Li K., Ganesan V., Sivakumar A., "Synchronized Scheduling of Assembly and Multi – destination Air – transportation in a Consumer Electronics Supply Chain," *International Journal of Production Research* 43 (13) (2005): 2671 – 2685.

[170] Li K., Ganesan V. K., Sivakumar A. I., "Scheduling of Single Stage Assembly with Air Transportation in a Consumer Electronic Supply Chain," *Computers & Industrial Engineering* 51 (2) (2006): 264 – 278.

[171] Lee C. Y., Chen Z., "Machine Scheduling with Transportation Considerations," *Journal of Scheduling* 4 (1) (2001): 3 – 24.

[172] Li C. L., Vairaktarakis G., Lee C. Y., "Machine Scheduling with Deliveries to Multiple Customer Locations," *European Journal of Operational Research* 164 (1) (2005): 39 – 51.

[173] Lu L., Yuan J., Zhang L., "Single Machine Scheduling with

Release Dates and Job Delivery to Minimize the Makespan," *Theoretical Computer Science* 393 (1) (2008): 102 – 108.

[174] Lalla – Ruiz E., Stefan Voß., "Modeling the Parallel Machine Scheduling Problem with Step Deteriorating Jobs," *European Journal of Operational Research* 255 (1) (2016): 21 – 33.

[175] Mensendiek A., Gupta J. N. D., Herrmann J., "Scheduling Identical Parallel Machines with Fixed Delivery Dates to Minimize Total Tardiness," *European Journal of Operational Research* 243 (2) (2015): 514 – 522.

[176] Montoyatorres J. R. et al., "A Literature Review on the Vehicle Routing Problem with Multiple Depots," *Computers & Industrial Engineering* 79 (2015): 115 – 129.

[177] Maffioli F., "The Vehicle Routing Problem: a Book Review," *Quarterly Journal of the Belgian French & Italian Operations Research Societies* 1 (2) (2003): 149 – 153.

[178] Manoj U. V., Gupta J. N. D., Gupta S. K., "Supply Chain Scheduling: Just – in – time Environment," *Annals of Operations Research* 161 (1) (2008): 53 – 86.

[179] Ma W., Liu Y., Zhang X., "A New Model and Algorithm for Uncertain Random Parallel Machine Scheduling Problem," *Soft Computing*, (2018): 1 – 12.

[180] Mazdeh M. M. et al., "Single – machine Batch Scheduling Minimizing Weighted Flow Times and Delivery Costs," *Applied Mathematical Modelling* 35 (1) (2011): 563 – 570.

[181] Mladenović N., Urošević D., Ilić A., "A General Variable Neighborhood Search for the One – commodity Pickup – and – delivery Travelling Salesman Problem," *European Journal of Operational Research* 220 (1) (2012): 270 – 285.

[182] Melo R. A, Wolsey L. A., "Optimizing Production and Transportation in a Commit – to – delivery Business Mode," *European Journal of Operational Research* 203 (3) (2010): 614 – 618.

[183] Mastrolilli M., "Efficient Approximation Schemes for Scheduling Problems with Release Dates and Delivery Times," *Journal of Scheduling* 6 (6) (2003): 521 – 531.

[184] Mula J., Peidro D., Díaz – Madroñero M., "Mathematical Programming Models for Supply Chain Production and Transport Planning," *European Journal of Operational Research* 204 (3) (2010): 377 – 390.

[185] Moscato P., Cotta C., *A Modern Introduction to Memetic Algorithms* (New York: Springer, 2010).

[186] Marinakis Y., Marinaki M., *Bumble Bees Mating Optimization Algorithm for the Vehicle Routing Problem* (New York: Springer, 2010).

[187] Mladenović N., Hansen P., "Variable Neighborhood Search," *Computers & Operations Research* 24 (11) (1997): 1097 – 1100.

[188] Marinakis Y., Marinaki M., "A Hybrid Genetic – particle Swarm Optimization Algorithm for the Vehicle Routing Problem," *Expert Systems with Applications* 37 (2) (2010): 1446 – 1455.

[189] Malandraki C., Daskin M. S., "Time Dependent Vehicle Routing Problems: Formulations, Properties and Heuristic Algo-

rithms," *Transportation Science* 26 (3) (1992): 185-200.

[190] Maxwell W. L., "The Scheduling of Single Machine Systems: A Review," *International Journal of Production Research* 3 (3) (1964): 23.

[191] Ng C., Lu L., "On-line Integrated Production and Outbound Distribution Scheduling to Minimize the Maximum Delivery Completion Time," *Journal of Scheduling* 15 (3) (2012): 391-398.

[192] Ngueveu S. U., Prins C., Calvo R. W., "An Effective Memetic Algorithm for the Cumulative Capacitated Vehicle Routing Problem," *Computers & Operations Research* 37 (11) (2010): 1877-1885.

[193] Nesello V. et al., "Exact Solution of the Single-machine Scheduling Problem with Periodic Maintenances and Sequence-dependent Setup Times," *European Journal of Operational Research*, 266 (1) (2018): 498-507.

[194] Ou J., Zhong X., Wang G., "An Improved Heuristic for Parallel Machine Scheduling with Rejection," *European Journal of Operational Research*, 241 (3) (2015): 653-661.

[195] Oyola J., Arntzen H., Woodruff D. L., "The Stochastic Vehicle Routing Problem, a Literature Review, Part I: Solution Methods," *Euro Journal on Transportation & Logistics* 6 (4) (2017): 1-40.

[196] Oyola J., Arntzen H., Woodruff D. L., "The Stochastic Vehicle Routing Problem, a Literature Review, Part I: Models," *Euro Journal on Transportation and Logistics* 7 (2018): 193-221.

[197] Ouaddi K., Benadada Y., Mhada F. Z., "Multi Period Dy-

namic Vehicles Routing Problem: Literature Review, Modelization and Resolution," IEEE, IEEE *International Conference On Logistics Operations Management* (2016), pp. 1 – 22.

[198] Osman I. H., "Metastrategy Simulated Annealing and Tabu Search Algorithms for the Vehicle Routing Problem," *Annals of Operations Research* 41 (4) (1993): 421 – 451.

[199] Prins C., "A Simple and Effective Evolutionary Algorithm for the Vehicle Routing Problem," *Computers & Operations Research* 31 (12) (2004): 1985 – 2002.

[200] Prins C., Lacomme P., Prodhon C., "Order – first Split – second Methods for Vehicle Routing Problems: A Review," *Transportation Research* Part C 40 (1) (2014): 179 – 200.

[201] Potvin J. Y., "Evolutionary Algorithms for Vehicle Routing," *Informs Journal on Computing* 21 (4) (2009): 518 – 548.

[202] Pillac V., Gendreau M., Guéret, Christelle, "A Review of Dynamic Vehicle Routing Problems," *European Journal of Operational Research* 225 (1) (2013): 1 – 11.

[203] Pakzad – moghaddam S. H., Tavakkoli – moghaddam R., Mina H., "An Approach for Modeling a New Single Machine Scheduling Problem with Deteriorating and Learning Effects," *Computers & Industrial Engineering* 78 (4) (2014): 33 – 43.

[204] Poli R., Kennedy J., Blackwell T., "Particle Swarm Optimization," *Swarm Intelligence* 1 (1) (2007): 33 – 57.

[205] Prins C., *A Grasp Evolutionary Local Search Hybrid for the Vehi-*

cle *Routing Problem* (New York: Springer, 2009).

[206] Perboli G., Pezzella F., Tadei R., "Eve-opt: A Hybrid Algorithm for the Capacitated Vehicle Routing Problem," *Mathematical Methods of Operations Research* 68 (2) (2008): 361-382.

[207] Pan J. C. H., Wu C. L., Huang H. C., "Coordinating Scheduling with Batch Deliveries in a Two-machine Flow Shop," *the International Journal of Advanced Manufacturing Technology* 40 (5-6) (2009): 607-616.

[208] Pisinger D., "A General Heuristic for Vehicle Routing Problems," *Computers & Operations Research* 34 (8) (2007): 2403-2435.

[209] Pundoor G., Chen Z. L., "Scheduling a Production-Distribution System to Optimize the Tradeoff Between Delivery Tardiness and Distribution Cost," *Naval Research Logistics* 52 (6) (2005): 571-589.

[210] Quan O. Y., Xu H. Y., "The Review of the Single Machine Scheduling Problem and Its Solving Methods," *Applied Mechanics and Materials* 4 (2013): 411-414.

[211] Ropke S., Pisinger D., "An Adaptive Large Neighborhood Search Heuristic for the Pickup and Delivery Problem with Time Windows," *Transportation Science* 40 (4) (2006): 455-472.

[212] Rivera J. C., Afsar H. M., Prins C., "A Multistart Iterated Local Search for the Multitrip Cumulative Capacitated Vehicle Routing Problem," *Computational Optimization and Applications* 61 (1) (2015): 159-187.

[213] Ribeiro G. M., Laporte G., "An Adaptive Large Neighborhood

Search Heuristic for the Cumulative Capacitated Vehicle Routing Problem," *Computers & Operations Research* 39 (3) (2012): 728 - 735.

[214] Rasti - Barzoki M., Hejazi S. R., "Minimizing the Weighted Number of Tardy Jobs with Due Date Assignment and Capacity - constrained Deliveries for Multiple Customers in Supply Chains," *European Journal of Operational Research* 228 (2) (2013): 345 - 357.

[215] Rasti - Barzoki M., Hejazi S. R., Mazdeh M. M., "A Branch and Bound Algorithm to Minimize the Total Weighed Number of Tardy Jobs and Delivery Costs," *Applied Mathematical Modelling* 37 (7) (2013): 4924 - 4937.

[216] Resende M. G. et al., *Scatter Search and Path - relinking: Fundamentals, Advances, and Applications* (New York: Springer, 2010).

[217] Srivatsa Srinivas S., Gajanand M. S., "Vehicle Routing Problem and Driver Behaviour: A Review and Framework for Analysis," *Transport Reviews* 37 (5) (2017): 1 - 22.

[218] Sharma S. K., Routroy S., Yadav U., "Vehicle Routing Problem (VRP) for Courier Service: A Review," *International Journal of Operational Research* 1 (33) (2018): 1 - 31.

[219] Solomon M. M., "Algorithms for the Vehicle Routing and Scheduling Problems with Time Window Constraints," *Operations Research* 35 (2) (1987): 254 - 26.

[220] Shrouf F., Ordieres - Meré J., García - Sánchez A., "Optimizing the Production Scheduling of a Single Machine to Minimize

Total Energy Consumption Costs," *Journal of Cleaner Production* 67 (2014): 197-207.

[221] Subramanian A., Uchoa E., Ochi L. S., "A Hybrid Algorithm for a Class of Vehicle Routing Problems," *Computers & Operations Research* 40 (10) (2013): 2519-2531.

[222] Selvarajah E., Steiner G., "Approximation Algorithms for the Supplier's Supply Chain Scheduling Problem to Minimize Delivery and Inventory Holding Costs," *Operations Research* 57 (2) (2009): 426-438.

[223] Steiner G., Zhang R., "Approximation Algorithms for Minimizing the Total Weighted Number of Late Jobs with Late Deliveries in Two-level Supply Chains," *Journal of Scheduling* 12 (6) (2009): 565-574.

[224] Salehipour A., Sörensen K., Goos P., "Efficient Grasp + Vnd and Grasp + Vns Metaheuristics for the Traveling Repairman Problem," 4 Or *Quarterly Journal of the Belgian French & Italian Operations Research Societies* 9 (2) (2011): 189-209.

[225] Sariklis D., Powell S., "A Heuristic Method for the Open Vehicle Routing Problem," *Journal of the Operational Research Society* 51 (5) (2000): 564-573.

[226] Salehipour A., Sörensen K., Goos P., An Efficient GRASP + VND Metaheuristic for the Traveling Repairman Problem (University of Antwerp, 2008).

[227] Stalk G., *Competing Against Time: How Time-based Competi-*

tion Is Reshaping Global Market (Newyork: Simon and Schuster, 1990).

[228] Sarmiento A. M., Nagi R., "A Review of Integrated Analysis of Production-distribution Systems," *IIE Transactions* 31 (11) (1999): 1061-1074.

[229] Stecke K. E., Zhao X., "Production and Transportation Integration for a Make-to-order Manufacturing Company with a Commit-to-delivery Business Mode," *Manufacturing & Service Operations Management* 9 (2) (2007): 206-224.

[230] Schmid V. et al., "A Hybrid Solution Approach for Ready-mixed Concrete Delivery," *Transportation Science* 43 (1) (2009): 70-85.

[231] Schmid V., Et al., "Hybridization of Very Large Neighborhood Search for Ready-mixed Concrete Delivery Problems," *Computers & Operations Research* 37 (3) (2010): 559-574.

[232] Shen P., Wei C. M., Huang X., "Single-machine Scheduling Problems with an Actual Time-dependent Deterioration," *Applied Mathematical Modeling* 37 (7) (2013): 5555-5562.

[233] Sels V., Craeymeersch K., Vanhoucke M., "A Hybrid Single and Dual Population Search Procedure for the Job Shop Scheduling Problem," *European Journal of Operational Research* 215 (3) (2011): 512-523.

[234] Shrouf F., Joaquin Ordieres-meré, Alvaro García-sánchez, "Optimizing the Production Scheduling of a Single Machine to Minimize Total Energy Consumption Costs," *Journal of Cleaner*

Production 67 (6) (2014): 197 – 207.

[235] Taillard E., "Some Efficient Heuristic Methods for the Flow Shop Sequencing Problem," *European Journal of Operational Research* 47 (1) (1990): 65 – 74.

[236] Thomas D. J., Griffin P M., "Coordinated Supply Chain Management," *European Journal of Operational Research* 94 (1) (1996): 1 – 15.

[237] Tanaka S., Araki M., "An Exact Algorithm for the Single – machine Total Weighted Tardiness Problem with Sequence – dependent Setup Times," *Computers & Operations Research* 40 (1) (2013): 344 – 352.

[238] Tanaka S., Sato S., "An Exact Algorithm for the Precedence – Constrained Single – machine Scheduling Problem," *European Journal of Operational Research* 229 (2) (2013): 345 – 352.

[239] Toth P., Vigo D., "The Granular Tabu Search and Its Application to the Vehicle – routing Problem," *Journal on Computing* 15 (4) (2003): 333 – 346.

[240] Toth P., Vigo D., *The Vehicle Routing Problem* (Philadelphia: Siam, 2001).

[241] Toptal A., Koc U., "Sabuncuoglu I. A Joint Production and Transportation Planning Problem with Heterogeneous Vehicles," *Journal of the Operational Research Society* 65 (2) (2013): 180 – 196.

[242] Ullrich C. A., "Integrated Machine Scheduling and Vehicle

Routing with Time Windows," *European Journal of Operational Research* 227 (1) (2013): 152 – 165.

[243] Ullrich C. A., "Supply Chain Scheduling: Makespan Reduction Potential," *International Journal of Logistics Research and Applications* 15 (5) (2012): 323 – 336.

[244] Van Buer M. G., Woodruff D. L., Olson R. T., "Solving the Medium Newspaper Production/Distribution Problem," *European Journal of Operational Research* 115 (2) (1999): 237 – 253.

[245] Viergutz C., Knust S., "Integrated Production and Distribution Scheduling with Lifespan Constraints," *Annals of Operations Research* 213 (1) (2014): 293 – 318.

[246] Wang G., Cheng T. C. E., "Parallel Machine Scheduling with Batch Delivery Costs," *International Journal of Production Economics* 68 (2) (2000): 177 – 183.

[247] Vidal T., Crainic T. G., Gendreau M., "A Unified Solution Framework for Multi – attribute Vehicle Routing Problems," *European Journal of Operational Research* 234 (3) (2014): 658 – 673.

[248] Vallada E., Ruiz R., "A Genetic Algorithm for the Unrelated Parallel Machine Scheduling Problem with Sequence Dependent Setup Times," *European Journal of Operational Research* 211 (3) (2011): 612 – 622.

[249] Vahit Kaplanoğlu., "Multi – agent Based Approach for Single Machine Scheduling with Sequence – dependent Setup Times and Machine Maintenance," *Applied Soft Computing* 23 (2014): 165 – 179.

[250] Valente J. M. S. , Moreira M. R. A. , Singh A. , "Genetic Algorithms for Single Machine Scheduling with Quadratic Earliness and Tardiness Costs," *The International Journal of Advanced Manufacturing Technology* 54 (2011): 251 - 265.

[251] Wang H. , Lee C. Y. , "Production and Transport Logistics Scheduling with Two Transport Mode Choices," *Naval Research Logistics* 52 (8) (2005): 796 - 809.

[252] Wang X. , Cheng T. C. , "Machine Scheduling with an Availability Constraint and Job Delivery Coordination," *Naval Research Logistics* 54 (1) (2007): 11 - 20.

[253] Wang X. , Cheng T. C. E. , "Production Scheduling with Supply and Delivery Considerations to Minimize the Makespan," *European Journal of Operational Research* 194 (3) (2009): 743 - 752.

[254] Wang L. , Liu Z. , "Single Machine Scheduling with Batch Delivery to Multiple Customers in Astar - shaped Network," *Asia - Pacific Journal of Operational Research* 2 (12) (2013): 1040 - 1043.

[255] Wang X. , Tang L. , "A Hybrid Metaheuristic for the Prize - collecting Single Machine Scheduling Problem with Sequence - dependent Setup Times," *Computers & Operations Research* 37 (9) (2010): 1624 - 1640.

[256] Wu C. C. , Lee W. C. , Liou M. J. , "Single - machine Scheduling with Two Competing Agents and Learning Consideration," *Information Sciences* 251 (2013 (A)): 136 - 149.

[257] Wu C. C. , Cheng S. R. , Wu W. H. , "The Single - machine

Total Tardiness Problem with Unequal Release Times and a Linear Deterioration," *Applied Mathematics & Computation* 219 (20) (2013 (B)): 10401 – 10415.

[258] Wang J. J., Liu Y. J., "Single – machine Bicriterion Group Scheduling with Deteriorating Setup Times and Job Processing Times," *Applied Mathematics and Computation* 242 (Complete) (2014): 309 – 314.

[259] Wang D., Yin Y., Cheng T. C. E., "Parallel – machine Rescheduling with Job Unavailability and Rejection," *Omega* 81 (2018): 246 – 260.

[260] Xu H., Lü Z., Yin A., "A Study of Hybrid Evolutionary Algorithms for Single Machine Scheduling Problem with Sequence – dependent Setup Times," *Computers & Operations Research* 50 (2014): 47 – 60.

[261] Xue P., Zhang Y., Yu X., "Single – machine Scheduling with Piece – rate Maintenance and Interval Constrained Position – dependent Processing Times," *Applied Mathematics and Computation* 226 (2014): 415 – 422.

[262] Xu Y. T., Zhang Y., Huang X., "Single – machine Ready Times Scheduling with Group Technology and Proportional Linear Deterioration," *Applied Mathematical Modeling* 38 (1) (2014): 384 – 391.

[263] Xu H., Lü Zhipeng, Yin A., "A Study of Hybrid Evolutionary Algorithms for Single Machine Scheduling Problem with Sequence – dependent Setup Times," *Computers & Operations Research* 50 (10)

(2014): 47-60.

[264] Yuan J., "A Note on the Complexity of Single-machine Scheduling with a Common Due Date, Earliness-tardiness, and Batch Delivery Costs," *European Journal of Operational Research* 94 (1) (1996): 203-205.

[265] Yan C., Banerjee A., Yang L., "An Integrated Production-distribution Model for a Deteriorating Inventory Item," *International Journal of Production Economics* 133 (1) (2011): 228-232.

[266] Yin Y., Wang Y., Cheng T. C. E., "Parallel-machine Scheduling of Deteriorating Jobs with Potential Machine Disruptions," *Omega* 69 (2017): 17-28.

[267] Yellow P., "A Computational Modification to the Savings Method of Vehicle Scheduling," *Operational Research Quarterly* 21 (2) (1970): 281-283.

[268] Zhou F., Blocher J. D., Hu X., "Optimal Single Machine Scheduling of Products with Components and Changeover Cost," *European Journal of Operational Research* 233 (1) (2014): 75-83.

[269] Zhong W., Dósa G., Tan Z., "On the Machine Scheduling Problem with Job Delivery Coordination," *European Journal of Operational Research* 182 (3) (2007): 1057-1072.

[270] Zachariadis E. E., Tarantilis C. D., Kiranoudis C. T., "Designing Vehicle Routes for a Mix of Different Request Types, Under Time Windows and Loading Constraints," *European Journal of Operational Research* 229 (2) (2013): 303-317.

[271] Zhang R., Song S., Wu C., "A Hybrid Artificial Bee Colony Algorithm for the Job Shop Scheduling Problem," *International Journal of Production Economics* 141 (1) (2013): 167-178.

[272] Zhang Q., Wei L. R., Hu R., "A Review on the Bin Packing Capacitated Vehicle Routing Problem," *Advanced Materials Research* 853 (2014): 668-673.

附　　录

本书采用的 A，B，P 三组实验数据如以下附表所示：以附表 1 为例，A - n32 - k5（100）中，32 代表车场与客户点数目，5 代表车辆数目，100 代表每辆车的容积；"编号"代表各点编号，车场的编号为 0；"需求"代表各点需求，车场需求为 0；"x""y"分别代表各点的横纵坐标。

附表 1　A - n32 - k5（100）

编号	0	1	2	3	4	5	6	7	8	9	10	11	12	13	14	15	16	17
需求	0	21	16	2	3	8	9	20	18	1	8	15	24	16	19	14	7	6
x	82	96	50	49	13	29	58	84	14	2	3	5	98	84	61	1	88	91
y	76	44	5	8	7	89	30	39	24	39	82	10	52	25	59	65	51	2
编号	18	19	20	21	22	23	24	25	26	27	28	29	30	31				
需求	19	2	16	4	21	12	6	19	22	8	24	14	24	12				
x	19	93	50	98	5	42	61	9	80	57	23	20	85	98				
y	32	3	93	14	42	9	62	97	55	69	15	70	60	5				

附表 2　A - n33 - k5（100）

编号	0	1	2	3	4	5	6	7	8	9	10	11	12	13	14	15	16	17
需求	0	5	23	14	13	8	18	19	10	18	20	5	9	23	9	18	10	24
x	42	77	28	77	32	32	42	8	7	82	48	53	39	7	67	54	72	73
y	68	97	64	39	33	8	92	3	14	17	13	82	27	24	98	52	43	3

续表

编号	18	19	20	21	22	23	24	25	26	27	28	29	30	31	32
需求	13	14	8	10	19	14	13	14	2	23	15	8	20	24	3
x	59	58	23	68	47	52	32	39	17	38	58	82	42	68	7
y	77	97	43	98	62	72	88	7	8	7	74	67	7	82	48

附表 3 A－n33－k6（100）

编号	0	1	2	3	4	5	6	7	8	9	10	11	12	13	14	15	16	17
需求	0	26	17	6	15	7	5	15	16	17	1	21	66	25	16	11	7	17
x	34	45	70	81	85	59	45	50	80	75	25	9	1	50	35	71	1	25
y	31	55	80	70	61	55	60	64	64	90	40	66	44	54	45	84	9	54
编号	18	19	20	21	22	23	24	25	26	27	28	29	30	31	32			
需求	17	22	10	25	16	7	21	11	21	11	21	22	25	2	22			
x	45	45	66	11	81	85	75	15	90	15	31	10	6	51	26			
y	59	71	84	35	46	10	20	21	45	0	26	95	6	5	36			

附表 4 A－n34－k5（100）

编号	0	1	2	3	4	5	6	7	8	9	10	11	12	13	14	15	16	17
需求	0	23	3	24	15	15	24	7	25	13	5	7	5	14	13	5	24	15
x	73	67	39	3	97	91	55	55	57	21	47	51	11	43	63	55	35	27
y	39	91	21	9	15	65	75	71	85	15	57	97	11	59	69	77	11	91
编号	18	19	20	21	22	23	24	25	26	27	28	29	30	31	32	33		
需求	9	16	13	16	13	24	20	23	20	3	15	12	19	4	15	1		
x	49	29	71	31	27	67	87	23	89	71	19	65	87	19	1	55		
y	25	93	27	43	9	99	81	81	33	91	77	77	79	83	59	7		

附表 5 A－n36－k5（100）

编号	0	1	2	3	4	5	6	7	8	9	10	11	12	13	14	15	16	17
需求	0	1	14	15	11	18	2	22	7	18	23	12	21	2	14	9	0	1
x	15	1	87	69	93	33	71	29	93	55	23	19	57	5	65	69	3	19
y	19	49	25	65	91	31	61	9	7	47	13	47	63	95	43	1	25	91

续表

编号	18	19	20	21	22	23	24	25	26	27	28	29	30	31	32	33	34	35
需求	19	2	20	15	11	6	13	19	13	8	15	18	11	21	12	2	23	11
x	21	67	41	19	15	79	19	27	29	25	59	27	21	61	15	31	71	91
y	81	91	23	75	79	47	65	49	17	65	51	95	91	83	83	87	41	21

附表 6A－n37－k5（100）

编号	0	1	2	3	4	5	6	7	8	9	10	11	12	13	14	15	16	17
需求	0	16	18	1	13	8	23	7	27	1	3	6	24	19	2	5	16	7
x	38	59	96	47	26	66	96	37	68	78	82	93	74	60	78	36	45	73
y	46	46	42	61	15	6	7	25	92	84	28	90	42	20	58	48	36	57
编号	18	19	20	21	22	23	24	25	26	27	28	29	30	31	32	33	34	35
需求	4	22	7	23	16	2	2	9	2	12	1	9	23	6	19	7	7	20
x	10	98	92	43	53	78	72	37	16	75	11	9	25	8	12	50	26	18
y	91	51	62	42	25	65	79	88	73	96	66	49	72	68	61	2	54	89
编号	36																	
需求	20																	
x	22																	
y	53																	

附表 7A－n37－k6（100）

编号	0	1	2	3	4	5	6	7	8	9	10	11	12	13	14	15	16	17
需求	0	16	18	1	13	8	23	7	27	1	3	6	24	19	2	5	16	7
x	86	29	4	25	67	13	62	84	34	19	42	40	25	63	75	61	87	54
y	22	17	50	13	37	7	15	38	3	45	76	86	94	57	24	85	38	39
编号	18	19	20	21	22	23	24	25	26	27	28	29	30	31	32	33	34	35
需求	8	10	5	19	12	9	18	4	20	8	3	18	26	21	21	8	19	66
x	66	46	47	21	19	1	94	82	41	100	1	96	57	47	68	16	51	83
y	34	39	17	54	83	82	28	72	59	77	57	7	82	38	89	36	38	74
编号	36																	
需求	21																	
x	84																	
y	2																	

附　录

附表8 A－n38－k5（100）

编号	0	1	2	3	4	5	6	7	8	9	10	11	12	13	14	15	16	17
需求	0	12	5	8	12	18	12	11	19	23	8	25	1	5	17	13	9	13
x	69	3	71	1	11	87	37	87	35	55	41	93	11	75	75	97	15	63
y	63	35	79	47	15	23	33	29	81	71	51	9	49	89	69	95	13	95
编号	18	19	20	21	22	23	24	25	26	27	28	29	30	31	32	33	34	35
需求	19	5	26	9	20	21	8	12	13	12	4	19	25	7	3	2	24	13
x	47	45	89	45	95	19	71	27	17	93	59	35	33	61	89	33	37	21
y	41	41	43	59	23	83	69	19	57	15	29	39	51	21	53	85	37	91
编号	36	37																
需求	14	14																
x	67	61																
y	95	15																

附表9 A－n39－k5（100）

编号	0	1	2	3	4	5	6	7	8	9	10	11	12	13	14	15	16	17
需求	0	5	24	3	20	26	23	15	3	20	16	9	21	3	24	14	6	6
x	9	43	79	93	13	67	31	81	27	27	69	31	27	15	7	53	75	47
y	35	19	35	7	35	13	77	7	49	35	23	51	27	83	35	25	13	49
编号	18	19	20	21	22	23	24	25	26	27	28	29	30	31	32	33	34	35
需求	13	5	3	3	20	16	22	10	12	20	24	6	1	2	13	7	6	24
x	25	1	45	1	93	41	75	3	51	57	21	55	3	37	73	19	75	93
y	33	23	11	47	15	9	55	1	67	91	97	13	71	19	21	19	73	49
编号	36	37	38															
需求	19	4	7															
x	41	97	45															
y	87	73	29															

附表10 A－n39－k5（100）

编号	0	1	2	3	4	5	6	7	8	9	10	11	12	13	14	15	16	17
需求	0	5	24	3	20	26	23	15	3	20	16	9	21	3	24	14	6	6
x	9	43	79	93	13	67	31	81	27	27	69	31	27	15	7	53	75	47
y	35	19	35	7	35	13	77	7	49	35	23	51	27	83	35	25	13	49

201

续表

编号	18	19	20	21	22	23	24	25	26	27	28	29	30	31	32	33	34	35
需求	13	5	3	3	20	16	22	10	12	20	24	6	1	2	13	7	6	24
x	25	1	45	1	93	41	75	3	51	57	21	55	3	37	73	19	75	93
y	33	23	11	47	15	9	55	1	67	91	97	13	71	19	21	19	73	49
编号	36	37	38															
需求	19	4	7															
x	41	97	45															
y	87	73	29															

附表 11A－n39－k6（100）

编号	0	1	2	3	4	5	6	7	8	9	10	11	12	13	14	15	16	17
需求	0	18	16	22	24	3	19	6	6	6	12	18	16	72	7	16	23	4
x	39	79	41	25	63	33	69	57	53	1	79	59	1	41	23	37	85	93
y	19	19	79	31	93	5	17	73	75	1	73	5	37	31	73	27	93	13
编号	18	19	20	21	22	23	24	25	26	27	28	29	30	31	32	33	34	35
需求	22	23	7	11	11	1	22	16	15	7	5	22	9	10	11	9	3	7
x	85	49	55	83	93	87	31	19	41	83	9	13	43	13	71	45	93	5
y	45	91	43	29	49	23	23	97	9	61	7	13	37	61	51	93	55	97
编号	36	37	38															
需求	15	10	2															
x	81	7	7															
y	11	53	41															

附表 11A－n44－k6（100）

编号	0	1	2	3	4	5	6	7	8	9	10	11	12	13	14	15	16	17
需求	0	8	24	9	19	9	18	9	14	3	14	8	8	13	18	4	0	8
x	14	73	13	37	34	58	33	18	24	17	72	78	42	1	2	32	97	39
y	68	2	47	44	63	98	42	98	79	28	67	63	48	2	28	82	38	53
编号	18	19	20	21	22	23	24	25	26	27	28	29	30	31	32	33	34	35
需求	8	18	13	2	9	18	3	24	8	24	14	13	24	23	9	13	14	14
x	87	42	83	79	22	58	53	38	63	42	32	38	63	22	88	58	43	73
y	1	77	27	92	39	32	84	37	59	88	88	23	32	73	94	78	62	1

续表

编号	36	37	38	39	40	41	42	43										
需求	18	24	4	8	13	4	14	18										
x	17	87	12	48	48	7	98	34										
y	32	79	24	53	23	37	77	12										

附表 12A－n45－k6（100）

编号	0	1	2	3	4	5	6	7	8	9	10	11	12	13	14	15	16	17
需求	0	19	2	12	20	6	17	8	14	2	8	5	7	22	14	17	0	19
x	31	11	52	81	97	71	6	48	91	49	85	11	74	56	13	66	96	36
y	73	67	96	29	62	5	56	50	17	68	29	16	98	37	81	80	55	17
编号	18	19	20	21	22	23	24	25	26	27	28	29	30	31	32	33	34	35
需求	21	2	24	10	20	6	21	10	6	13	21	24	11	16	8	11	11	22
x	32	6	64	87	75	40	1	60	27	15	46	28	3	1	53	98	6	7
y	23	13	30	5	61	72	44	95	49	33	53	43	9	100	46	8	25	81
编号	36	37	38	39	40	41	42	43	44									
需求	17	22	17	8	23	5	3	18	12									
x	96	2	32	95	9	96	90	33	6									
y	88	35	94	94	11	16	68	31	59									

附表 13A－n45－k7（100）

编号	0	1	2	3	4	5	6	7	8	9	10	11	12	13	14	15	16	17
需求	0	14	1	16	23	12	6	5	1	13	20	14	18	7	8	21	8	24
x	61	95	45	15	39	55	29	87	75	65	73	17	39	75	49	85	89	89
y	99	7	87	47	75	23	71	79	63	61	35	35	99	77	37	31	71	43
编号	18	19	20	21	22	23	24	25	26	27	28	29	30	31	32	33	34	35
需求	20	19	13	3	26	17	22	8	16	20	12	22	20	12	14	25	17	19
x	79	45	93	49	63	93	39	89	47	29	13	33	63	41	67	41	49	57
y	81	5	69	69	25	33	45	33	77	19	65	9	9	13	75	27	77	81
编号	36	37	38	39	40	41	42	43	44									
需求	20	15	2	9	10	6	11	21	24									
x	45	83	81	57	93	17	89	7	35									
y	5	7	61	81	89	13	27	25	35									

附表 14 A－n46－k7（100）

编号	0	1	2	3	4	5	6	7	8	9	10	11	12	13	14	15	16	17
需求	0	12	26	1	20	2	13	20	7	10	15	7	24	10	12	23	13	19
x	75	7	77	51	81	59	93	43	35	77	37	37	27	95	87	23	9	73
y	55	75	1	25	25	37	45	21	53	63	13	51	31	31	43	65	51	81
编号	18	19	20	21	22	23	24	25	26	27	28	29	30	31	32	33	34	35
需求	9	12	6	9	22	18	19	20	24	10	4	20	15	13	12	3	7	18
x	3	41	29	51	49	81	7	21	91	17	61	27	83	21	59	27	9	11
y	1	61	81	95	25	53	51	5	35	81	69	97	23	93	31	53	91	27
编号	36	37	38	39	40	41	42	43	44	45								
需求	3	23	1	17	13	6	22	20	21	2								
x	59	67	77	47	3	33	17	91	23	97								
y	41	1	39	29	89	87	45	41	3	61								

附表 15 A－n48－k7（100）

编号	0	1	2	3	4	5	6	7	8	9	10	11	12	13	14	15	16	17
需求	0	20	14	5	11	22	25	2	18	10	26	14	22	9	11	18	24	15
x	47	1	97	23	77	3	5	41	51	67	89	71	11	85	57	57	71	61
y	5	19	35	79	87	9	27	53	87	73	45	99	1	85	11	85	33	13
编号	18	19	20	21	22	23	24	25	26	27	28	29	30	31	32	33	34	35
需求	23	16	14	8	5	12	8	16	12	15	9	2	10	2	3	20	3	13
x	39	13	43	87	11	21	77	3	47	53	73	81	89	11	27	95	63	37
y	15	59	99	73	37	11	81	63	95	75	55	71	75	9	37	59	63	21
编号	36	37	38	39	40	41	42	43	44	45	46	47						
需求	25	23	8	16	9	14	4	13	7	16	18	16						
x	33	23	13	47	45	83	69	13	37	53	97	75						
y	47	63	55	93	43	7	91	11	15	59	83	31						

附表 16 A－n53－k7（100）

编号	0	1	2	3	4	5	6	7	8	9	10	11	12	13	14	15	16	17
需求	0	2	12	14	2	17	20	2	26	7	24	23	13	25	20	3	18	23
x	24	35	79	3	42	3	29	47	54	36	83	30	55	13	1	98	75	39
y	63	60	46	45	50	40	96	30	77	30	86	6	29	2	19	1	10	23

续表

编号	18	19	20	21	22	23	24	25	26	27	28	29	30	31	32	33	34	35
需求	6	2	13	22	3	6	7	1	18	18	10	2	9	10	8	30	16	23
x	62	96	27	14	52	95	30	18	82	50	48	82	64	34	83	3	18	53
y	91	9	87	16	49	21	6	40	90	79	49	73	62	78	6	77	8	86
编号	36	37	38	39	40	41	42	43	44	45	46	47	48	49	50	51	52	
需求	2	18	22	1	8	4	26	21	2	15	25	22	19	3	3	5	13	
x	88	77	58	12	70	36	85	93	68	71	56	37	78	88	95	44	18	
y	51	51	89	44	88	17	23	30	67	34	73	37	20	69	42	71	1	

附表 17A – n54 – k7 （100）

编号	0	1	2	3	4	5	6	7	8	9	10	11	12	13	14	15	16	17
需求	0	24	9	15	17	2	19	10	17	20	16	8	12	3	23	4	23	20
x	61	85	17	49	69	87	49	87	19	69	69	49	17	45	21	71	53	77
y	5	53	57	93	11	15	39	23	83	87	43	67	61	61	53	37	23	63
编号	18	19	20	21	22	23	24	25	26	27	28	29	30	31	32	33	34	35
需求	2	19	2	23	23	5	12	15	9	13	18	16	7	6	2	8	2	2
x	89	21	77	85	43	75	1	7	81	23	81	77	49	21	41	71	31	69
y	7	83	25	95	93	25	43	7	69	57	15	35	3	93	37	91	13	33
编号	36	37	38	39	40	41	42	43	44	45	46	47	48	49	50	51	52	53
需求	4	13	18	9	19	3	14	19	21	4	6	22	13	10	18	5	9	36
x	91	13	65	91	9	15	7	61	59	85	15	1	1	85	95	5	51	51
y	47	69	75	27	85	19	37	11	83	69	29	13	83	31	25	33	11	85

附表 18A – n55 – k9 （100）

编号	0	1	2	3	4	5	6	7	8	9	10	11	12	13	14	15	16	17
需求	0	3	12	25	4	11	20	21	10	20	13	14	16	17	11	36	6	7
x	36	94	10	16	25	41	81	14	42	90	41	21	41	65	13	21	57	14
y	64	47	23	46	79	30	45	79	56	17	39	14	46	96	49	14	2	42
编号	18	19	20	21	22	23	24	25	26	27	28	29	30	31	32	33	34	35
需求	21	11	17	22	10	19	21	23	19	15	22	7	11	15	22	12	24	25
x	66	58	5	41	50	84	97	47	11	60	60	58	30	9	47	19	15	88
y	62	96	51	50	99	85	90	76	54	97	89	68	93	60	44	40	40	21

续表

编号	36	37	38	39	40	41	42	43	44	45	46	47	48	49	50	51	52	53
需求	2	15	18	13	3	20	14	10	10	66	10	7	12	24	5	18	7	11
x	33	21	57	81	49	51	9	84	95	89	10	69	75	97	74	1	96	46
y	58	51	7	6	6	78	62	36	76	44	49	16	66	11	69	14	91	22

编号	54
需求	12
x	74
y	92

附表 19 A－n60－k9（100）

编号	0	1	2	3	4	5	6	7	8	9	10	11	12	13	14	15	16	17
需求	0	16	2	7	11	9	17	21	23	10	6	19	18	20	13	5	11	24
x	27	33	29	7	1	49	21	79	81	85	45	7	95	81	37	69	15	89
y	93	27	39	81	59	9	53	89	83	11	9	65	27	85	81	69	95	75
编号	18	19	20	21	22	23	24	25	26	27	28	29	30	31	32	33	34	35
需求	2	3	1	5	20	23	24	18	19	2	17	17	9	11	2	6	9	5
x	33	57	11	3	45	43	35	19	83	85	19	83	1	15	83	41	31	59
y	93	83	95	57	11	61	43	83	69	77	39	87	13	39	17	97	61	69
编号	36	37	38	39	40	41	42	43	44	45	46	47	48	49	50	51	52	53
需求	9	2	14	19	11	21	20	21	18	48	1	17	42	2	4	24	18	21
x	29	93	63	65	15	31	57	85	21	53	15	41	45	13	63	95	55	3
y	15	83	97	57	69	97	9	37	29	11	77	69	17	25	57	5	91	31

编号	54	55	56	57	58	59
需求	11	9	18	22	9	23
x	47	61	85	89	45	65
y	7	69	35	81	47	93

附表 20 A－n61－k9（100）

编号	0	1	2	3	4	5	6	7	8	9	10	11	12	13	14	15	16	17
需求	0	23	17	12	6	22	3	24	24	11	7	12	8	14	20	16	16	4
x	61	93	15	23	53	13	29	47	23	67	21	93	67	69	53	25	85	81
y	37	57	67	43	5	75	73	37	71	45	49	43	13	25	35	39	69	27

续表

编号	18	19	20	21	22	23	24	25	26	27	28	29	30	31	32	33	34	35
需求	9	18	14	10	19	22	19	9	18	2	18	11	19	18	15	4	12	8
x	77	45	31	49	63	47	33	39	49	49	87	37	19	97	31	35	79	73
y	79	43	75	99	9	37	47	69	3	87	39	91	33	35	5	25	61	73
编号	36	37	38	39	40	41	42	43	44	45	46	47	48	49	50	51	52	53
需求	18	12	72	2	5	14	11	19	16	19	3	12	10	20	7	13	16	23
x	35	5	19	71	35	27	31	47	87	1	1	63	79	21	65	65	97	23
y	95	43	45	39	63	73	21	9	45	49	77	73	71	55	23	47	23	71
编号	54	55	56	57	58	59	60											
需求	22	18	6	12	27	9	15											
x	5	53	57	89	51	13	91											
y	81	27	85	23	65	49	41											

附表 21A－n62－k8（100）

编号	0	1	2	3	4	5	6	7	8	9	10	11	12	13	14	15	16	17
需求	0	26	18	16	8	7	11	4	9	9	16	7	6	1	2	22	23	4
x	2	64	33	77	96	53	38	7	7	73	4	82	30	38	42	5	1	94
y	48	71	83	89	61	55	10	40	1	68	24	56	56	62	53	49	85	4
编号	18	19	20	21	22	23	24	25	26	27	28	29	30	31	32	33	34	35
需求	3	20	7	1	2	12	22	6	11	12	2	14	14	2	9	20	2	18
x	50	35	14	94	23	96	74	68	73	92	4	24	52	61	38	90	58	93
y	70	69	41	73	96	88	94	52	22	96	48	10	72	46	9	15	41	41
编号	36	37	38	39	40	41	42	43	44	45	46	47	48	49	50	51	52	53
需求	19	18	4	16	26	3	23	16	10	9	21	24	24	19	12	16	6	2
x	8	13	34	84	35	96	73	21	28	55	56	68	30	85	85	0	12	26
y	74	87	68	97	20	79	87	1	93	94	84	99	53	49	2	30	71	55
编号	54	55	56	57	58	59	60	61										
需求	2	2	23	16	26	21	2	7										
x	72	71	33	51	93	70	54	26										
y	75	21	49	2	7	22	53	17										

附表 22A - n63 - k9（100）

编号	0	1	2	3	4	5	6	7	8	9	10	11	12	13	14	15	16	17
需求	0	4	18	22	14	5	9	7	20	19	7	18	20	2	11	10	5	21
x	91	7	27	21	33	19	59	69	11	21	59	99	71	53	87	79	59	67
y	93	5	91	47	11	99	25	79	73	35	45	81	47	83	1	67	65	21
编号	18	19	20	21	22	23	24	25	26	27	28	29	30	31	32	33	34	35
需求	20	1	15	15	14	19	22	21	22	6	24	14	14	2	15	21	15	6
x	27	81	59	95	73	41	3	59	83	5	71	37	29	19	83	97	31	65
y	1	93	89	23	25	25	65	83	97	83	35	97	93	21	13	67	83	17
编号	36	37	38	39	40	41	42	43	44	45	46	47	48	49	50	51	52	53
需求	26	15	15	23	7	22	26	20	3	2	15	2	21	12	4	10	26	15
x	19	59	17	45	89	19	23	23	83	11	17	35	21	21	71	63	49	83
y	63	23	25	27	7	41	39	21	61	93	11	11	59	69	13	13	21	31
编号	54	55	56	57	58	59	60	61	62									
需求	23	4	24	17	2	20	18	19	8									
x	41	85	77	57	83	1	45	41	45									
y	97	15	73	1	11	75	71	55	13									

附表 23A - n63 - k10（100）

编号	0	1	2	3	4	5	6	7	8	9	10	11	12	13	14	15	16	17
需求	0	11	20	26	17	5	17	1	15	16	22	2	22	25	20	20	21	26
x	76	60	46	91	70	86	20	41	21	46	95	16	41	60	55	71	39	61
y	75	14	5	14	95	31	0	55	15	1	45	89	1	94	25	41	35	70
编号	18	19	20	21	22	23	24	25	26	27	28	29	30	31	32	33	34	35
需求	12	5	11	5	21	17	12	12	15	21	12	2	17	16	15	26	12	5
x	80	100	65	40	19	34	36	69	61	19	51	61	76	41	35	1	15	21
y	36	26	85	51	71	50	61	50	94	11	91	54	90	75	100	40	91	11
编号	36	37	38	39	40	41	42	43	44	45	46	47	48	49	50	51	52	53
需求	12	22	16	21	16	2	6	2	6	10	11	1	63	10	21	7	1	6
x	79	34	74	75	65	55	100	99	25	75	30	21	75	71	56	25	85	60
y	81	36	99	14	54	10	6	91	86	16	45	85	80	35	81	76	76	34

续表

编号	54	55	56	57	58	59	60	61	62					
需求	10	25	25	25	16	5	22	17	6					
x	41	6	60	40	20	94	31	40	56					
y	44	55	54	96	71	45	41	49	80					

附表 24 A－n64－k9（100）

编号	0	1	2	3	4	5	6	7	8	9	10	11	12	13	14	15	16	17
需求	0	10	15	23	23	24	17	1	4	2	5	18	9	8	23	13	4	18
x	97	57	1	55	29	21	93	5	25	47	87	67	71	67	45	71	29	59
y	33	81	33	57	37	39	37	91	11	37	25	65	89	15	79	57	1	79
编号	18	19	20	21	22	23	24	25	26	27	28	29	30	31	32	33	34	35
需求	16	26	16	4	23	8	26	16	5	2	21	23	8	5	8	26	12	8
x	93	47	51	23	87	39	45	85	35	47	59	83	49	21	51	69	37	37
y	83	41	41	93	95	45	7	51	93	79	91	51	65	55	21	43	41	95
编号	36	37	38	39	40	41	42	43	44	45	46	47	48	49	50	51	52	53
需求	3	8	19	16	2	3	17	7	5	8	4	12	19	19	26	24	5	8
x	5	37	83	17	5	81	59	63	21	71	21	9	65	25	13	47	77	57
y	71	47	73	71	71	17	33	87	77	51	17	7	43	63	57	43	9	55
编号	54	55	56	57	58	59	60	61	62	63								
需求	22	9	18	19	15	5	11	12	54	8								
x	21	27	83	63	9	25	33	53	51	9								
y	33	59	9	69	35	55	3	11	49	23								

附表 25 A－n65－k9（100）

编号	0	1	2	3	4	5	6	7	8	9	10	11	12	13	14	15	16	17
需求	0	12	24	16	7	9	20	10	18	26	17	2	11	9	12	11	12	23
x	25	35	93	53	51	51	1	9	75	15	79	9	39	47	33	27	83	17
y	51	7	75	95	81	55	67	23	7	97	5	19	1	1	97	83	79	59
编号	18	19	20	21	22	23	24	25	26	27	28	29	30	31	32	33	34	35
需求	7	1	26	10	9	22	21	17	2	15	16	14	23	24	2	12	18	5
x	47	57	87	55	21	21	67	59	1	33	25	45	63	1	77	35	9	61
y	19	9	41	25	91	13	1	21	75	85	21	29	77	77	41	11	77	87

续表

编号	36	37	38	39	40	41	42	43	44	45	46	47	48	49	50	51	52	53
需求	19	15	8	6	14	13	5	24	25	2	8	14	2	13	10	6	6	24
x	59	63	97	9	93	83	95	31	77	63	3	11	7	37	75	15	69	69
y	91	79	67	45	21	71	57	69	17	57	63	69	9	65	83	53	5	27
编号	54	55	56	57	58	59	60	61	62	63	64							
需求	21	20	24	4	19	14	23	2	16	23	14							
x	5	49	77	15	91	79	67	93	25	9	3							
y	19	31	17	7	39	17	75	51	33	19	65							

附表 26A－n69－k9（100）

编号	0	1	2	3	4	5	6	7	8	9	10	11	12	13	14	15	16	17
需求	0	2	1	6	9	16	5	3	9	12	1	1	18	10	5	5	9	16
x	59	9	84	36	87	34	40	72	0	64	11	46	33	23	67	34	19	14
y	44	23	68	93	9	16	98	43	60	90	8	7	54	84	18	93	25	9
编号	18	19	20	21	22	23	24	25	26	27	28	29	30	31	32	33	34	35
需求	12	6	6	20	23	39	17	8	2	13	17	3	2	7	23	10	7	12
x	70	58	5	95	38	50	48	64	39	79	61	28	51	68	14	94	68	12
y	64	50	78	39	54	73	46	4	28	30	36	50	91	59	9	87	29	91
编号	36	37	38	39	40	41	42	43	44	45	46	47	48	49	50	51	52	53
需求	20	13	21	25	5	4	13	12	23	19	10	7	15	5	15	13	30	15
x	2	25	11	3	13	9	58	40	32	9	36	82	10	96	20	40	33	72
y	22	16	57	51	52	76	18	39	89	92	14	13	25	97	21	91	31	74
编号	54	55	56	57	58	59	60	61	62	63	64	65	66	67	68			
需求	7	9	23	8	5	8	25	12	25	24	8	22	7	24	18			
x	41	90	4	54	43	3	94	94	14	37	88	80	37	87	18			
y	24	20	44	22	59	70	16	54	40	0	55	25	64	47	68			

附表 27A－n80－k10（100）

编号	0	1	2	3	4	5	6	7	8	9	10	11	12	13	14	15	16	17
需求	0	24	22	23	5	11	23	26	9	23	9	14	16	12	2	2	6	20
x	92	88	70	57	0	61	65	91	59	3	95	80	66	79	99	20	40	50
y	92	58	6	59	98	38	22	52	2	54	38	28	42	74	25	43	3	42

续表

编号	18	19	20	21	22	23	24	25	26	27	28	29	30	31	32	33	34	35
需求	26	12	15	13	26	17	7	12	4	4	20	10	9	2	9	1	2	2
x	97	21	36	100	11	69	69	29	14	50	89	57	60	48	17	21	77	2
y	0	19	21	61	85	35	22	35	9	33	17	44	25	42	93	50	18	4
编号	36	37	38	39	40	41	42	43	44	45	46	47	48	49	50	51	52	53
需求	12	14	23	21	13	13	23	3	6	23	11	2	7	13	10	3	6	13
x	63	68	41	48	98	26	69	40	65	14	32	14	96	82	23	63	87	56
y	83	6	95	54	73	38	76	1	41	86	39	24	5	98	85	69	19	75
编号	54	55	56	57	58	59	60	61	62	63	64	65	66	67	68	69	70	71
需求	2	14	7	21	7	22	13	22	18	22	6	2	11	5	9	9	5	12
x	15	10	7	31	36	50	49	39	76	83	33	0	52	52	46	3	46	94
y	63	45	30	11	93	31	52	10	40	34	51	15	82	82	6	26	80	30
编号	72	73	74	75	76	77	78	79										
需求	2	12	19	6	14	2	2	24										
x	26	75	57	34	28	59	51	87										
y	76	92	51	21	80	66	16	11										

附表 28 B－n31－k5（100）

编号	0	1	2	3	4	5	6	7	8	9	10	11	12	13	14	15	16	17
需求	0	25	3	13	17	16	9	22	10	16	8	3	16	16	10	24	16	15
x	17	24	96	14	14	0	16	20	22	17	98	30	23	19	34	31	0	19
y	76	6	29	19	32	34	22	26	28	23	30	8	27	23	7	7	37	23
编号	18	19	20	21	22	23	24	25	26	27	28	29	30	31				
需求	14	5	12	2	18	20	15	8	22	15	10	13	19	14				
x	0	26	98	5	17	21	28	1	27	99	26	17	20	0				
y	36	7	32	40	26	26	8	35	28	30	28	29	26	36				

附表 29 B－n34－k5（100）

编号	0	1	2	3	4	5	6	7	8	9	10	11	12	13	14	15	16	17
需求	0	6	12	2	24	3	18	21	14	69	1	13	2	2	7	7	1	23
x	28	76	67	84	73	67	68	68	76	91	80	0	73	76	92	69	90	71
y	57	46	5	22	6	72	74	6	7	30	0	25	13	81	30	80	30	77

续表

编号	18	19	20	21	22	23	24	25	26	27	28	29	30	31	32	33		
需求	19	14	8	11	4	8	24	12	9	4	19	15	2	2	15	66		
x	83	79	74	68	72	80	91	71	78	85	75	87	0	71	74	76		
y	47	47	6	6	0	0	25	73	10	24	80	24	7	78	0	0		

附表 30B－n35－k5（100）

编号	0	1	2	3	4	5	6	7	8	9	10	11	12	13	14	15	16	17
需求	0	12	3	2	13	17	12	1	26	13	15	20	20	3	3	12	25	2
x	78	93	57	2	10	31	10	97	16	98	103	38	100	60	15	39	102	103
y	95	43	4	80	17	8	87	50	93	48	47	9	51	11	19	15	47	59
编号	18	19	20	21	22	23	24	25	26	27	28	29	30	31	32	33	34	
需求	15	24	2	7	15	2	13	9	12	26	17	26	9	14	9	25	13	
x	10	39	97	18	32	96	11	15	10	13	0	103	33	13	63	3	14	
y	82	9	52	97	13	45	21	96	81	24	8	59	11	94	5	87	25	

附表 31B－n38－k6（100）

编号	0	1	2	3	4	5	6	7	8	9	10	11	12	13	14	15	16	17
需求	0	18	10	16	12	21	23	15	25	3	6	7	4	20	25	20	12	3
x	64	16	2	28	16	39	35	43	44	37	17	34	45	11	35	21	41	51
y	75	97	79	79	3	20	65	21	0	67	100	80	7	83	88	98	72	0
编号	18	19	20	21	22	23	24	25	26	27	28	29	30	31	32	33	34	35
需求	12	14	26	9	22	20	9	13	21	10	8	5	14	7	21	20	1	21
x	17	36	20	35	37	17	46	40	43	40	29	45	0	42	30	17	46	0
y	9	66	105	85	75	11	6	23	73	21	85	6	24	66	81	9	4	85
编号	36	37																
需求	17	2																
x	51	5																
y	2	80																

附表 32 B－n39－k5（100）

编号	0	1	2	3	4	5	6	7	8	9	10	11	12	13	14	15	16	17
需求	0	14	16	18	20	1	12	13	18	9	15	8	10	7	18	14	1	15
x	37	77	97	39	45	85	7	16	21	21	12	92	92	10	19	86	106	48
y	21	57	79	33	47	23	1	6	13	7	6	24	32	8	15	24	84	48
编号	18	19	20	21	22	23	24	25	26	27	28	29	30	31	32	33	34	35
需求	7	25	2	3	4	16	15	23	11	21	10	12	9	7	8	4	23	8
x	8	14	14	98	106	98	98	80	82	52	42	25	104	44	78	98	16	46
y	2	2	2	82	80	86	82	62	62	52	42	11	86	38	64	80	4	48
编号	36	37	38															
需求	6	2	15															
x	44	100	52															
y	42	82	54															

附表 33 B－n41－k6（100）

编号	0	1	2	3	4	5	6	7	8	9	10	11	12	13	14	15	16	17
需求	0	6	11	14	7	12	16	6	18	7	20	7	23	16	10	9	18	8
x	37	61	18	10	48	96	16	102	97	20	110	26	102	98	71	101	104	70
y	35	78	33	7	26	58	97	67	67	17	77	101	74	64	82	60	69	85
编号	18	19	20	21	22	23	24	25	26	27	28	29	30	31	32	33	34	35
需求	15	9	23	7	15	14	21	25	14	11	19	12	8	25	17	22	11	16
x	17	56	105	20	103	105	25	28	58	56	65	70	100	102	99	24	26	21
y	9	34	69	8	63	76	35	43	36	32	87	80	65	61	73	103	107	39
编号	36	37	38	39	40													
需求	16	8	23	15	13													
x	99	20	56	51	106													
y	71	16	30	31	70													

附表 34 B－n43－k6（100）

编号	0	1	2	3	4	5	6	7	8	9	10	11	12	13	14	15	16	17
需求	0	25	19	8	10	1	14	11	20	23	3	4	6	23	7	15	13	3
x	74	9	13	47	74	71	11	23	14	31	22	50	16	48	16	18	20	26
y	34	22	28	63	43	10	61	33	29	34	29	66	30	70	0	33	34	36

续表

编号	18	19	20	21	22	23	24	25	26	27	28	29	30	31	32	33	34	35
需求	11	24	8	14	8	9	24	10	19	10	5	7	23	11	12	4	11	16
x	49	19	80	75	18	10	12	80	29	79	14	76	54	17	78	72	23	78
y	0	0	17	13	68	27	66	50	43	48	0	51	68	30	50	19	37	45
编号	36	37	38	39	40	41	42											
需求	22	24	12	5	11	7	9											
x	14	0	16	24	84	80	24											
y	34	15	31	37	47	44	41											

附表35 B－n44－k7（100）

编号	0	1	2	3	4	5	6	7	8	9	10	11	12	13	14	15	16	17
需求	0	26	11	22	18	10	9	12	10	12	19	5	18	7	14	14	20	7
x	35	77	95	91	65	51	41	39	70	74	81	77	84	48	98	92	42	52
y	31	13	51	15	93	17	57	39	102	94	97	95	14	60	54	18	42	18
编号	18	19	20	21	22	23	24	25	26	27	28	29	30	31	32	33	34	35
需求	4	11	3	22	15	69	26	20	12	22	9	23	7	17	3	18	18	9
x	44	48	80	42	73	81	102	82	96	98	84	44	73	96	46	92	44	98
y	42	44	22	58	105	101	58	18	58	18	16	44	103	16	48	16	64	22
编号	36	37	38	39	40	41	42	43										
需求	4	20	24	3	4	4	23	17										
x	96	46	77	104	58	46	73	94										
y	52	64	103	54	20	64	103	16										

附表36 B－n45－k5（100）

编号	0	1	2	3	4	5	6	7	8	9	10	11	12	13	14	15	16	17
需求	0	1	19	19	22	20	11	2	5	20	22	2	2	11	22	19	3	1
x	53	34	2	40	88	74	82	0	84	11	42	90	85	9	4	3	90	41
y	22	28	5	85	38	20	21	46	31	12	37	44	22	8	51	10	40	33
编号	18	19	20	21	22	23	24	25	26	27	28	29	30	31	32	33	34	35
需求	2	16	2	13	7	8	16	14	4	14	7	20	14	7	9	7	5	10
x	10	96	48	87	79	39	0	89	91	3	44	89	40	42	0	97	1	45
y	50	45	90	31	26	32	91	45	46	53	0	41	32	86	13	45	50	94

续表

编号	36	37	38	39	40	41	42	43	44								
需求	13	25	1	22	9	3	8	10	19								
x	36	4	42	42	92	75	78	77	5								
y	33	15	88	29	0	26	0	29	47								

附表 37 B－n45－k6（100）

编号	0	1	2	3	4	5	6	7	8	9	10	11	12	13	14	15	16	17
需求	0	21	13	24	10	22	16	9	9	18	15	3	7	14	22	10	13	3
x	49	60	38	98	69	59	82	86	76	102	43	45	76	64	0	89	60	0
y	64	38	21	27	60	40	28	36	65	29	26	28	68	45	44	31	44	44
编号	18	19	20	21	22	23	24	25	26	27	28	29	30	31	32	33	34	35
需求	4	14	2	16	10	5	11	19	14	18	12	21	21	24	6	7	13	15
x	84	83	86	103	76	86	0	66	67	77	78	66	61	105	78	91	83	91
y	29	66	36	32	65	74	48	41	40	61	66	46	41	31	68	37	29	45
编号	36	37	38	39	40	41	42	43	44									
需求	5	10	19	6	21	19	17	26	8									
x	42	83	101	74	93	107	63	61	90									
y	25	69	36	65	37	34	40	47	43									

附表 38 B－n50－k7（100）

编号	0	1	2	3	4	5	6	7	8	9	10	11	12	13	14	15	16	17
需求	0	21	8	11	7	21	5	13	10	9	20	7	12	23	2	4	14	12
x	49	59	17	85	47	1	25	75	3	56	86	8	59	64	86	28	88	18
y	53	1	83	57	21	21	69	63	7	26	58	8	27	2	64	72	58	90
编号	18	19	20	21	22	23	24	25	26	27	28	29	30	31	32	33	34	35
需求	3	5	13	5	12	2	3	18	24	4	63	19	2	9	4	9	23	6
x	82	22	6	10	59	52	94	76	66	90	20	50	76	63	20	59	32	48
y	64	92	10	24	29	24	62	68	2	58	84	22	64	33	84	31	74	24
编号	36	37	38	39	40	41	42	43	44	45	46	47	48	49				
需求	3	12	7	17	22	26	14	9	2	16	24	4	19	11				
x	2	10	57	68	28	63	86	90	22	6	62	59	18	30				
y	30	8	27	6	74	35	58	62	90	28	8	35	88	76				

附表 39B - n50 - k8 (100)

编号	0	1	2	3	4	5	6	7	8	9	10	11	12	13	14	15	16	17
需求	0	14	3	5	9	69	13	25	17	12	12	10	2	23	15	16	26	12
x	8	63	19	39	86	96	34	44	58	49	43	52	47	40	44	0	56	60
y	12	77	10	49	5	64	25	15	90	21	57	28	22	50	34	70	30	98
编号	18	19	20	21	22	23	24	25	26	27	28	29	30	31	32	33	34	35
需求	12	26	10	22	4	16	8	23	2	24	12	24	4	19	21	7	15	14
x	103	105	45	64	44	44	59	54	92	46	98	103	44	39	97	49	22	44
y	0	70	25	82	50	53	27	16	11	22	74	72	29	30	71	22	13	58
编号	36	37	38	39	40	41	42	43	44	45	46	47	48	49				
需求	18	7	20	18	2	21	21	3	5	20	16	25	3	10				
x	50	46	44	51	28	50	61	52	21	51	46	91	25	53				
y	25	21	50	66	12	59	92	25	16	61	51	13	13	22				

附表 40B - n51 - k7 (100)

编号	0	1	2	3	4	5	6	7	8	9	10	11	12	13	14	15	16	17
需求	0	9	10	14	5	8	10	15	16	23	4	22	16	12	20	18	9	17
x	53	1	94	13	97	78	92	98	99	2	85	94	101	103	106	9	88	83
y	55	90	85	19	45	69	35	36	0	94	77	42	3	51	38	95	71	77
编号	18	19	20	21	22	23	24	25	26	27	28	29	30	31	32	33	34	35
需求	42	9	17	7	4	7	13	6	22	6	13	21	16	20	11	18	24	26
x	100	17	3	6	9	9	8	9	98	101	99	103	3	101	103	20	97	0
y	55	23	91	91	102	95	104	99	39	8	38	54	103	7	8	25	93	51
编号	36	37	38	39	40	41	42	43	44	45	46	47	48	49	50			
需求	9	21	3	22	7	10	17	8	10	12	10	24	5	10	6			
x	81	103	95	102	83	101	105	96	5	9	10	9	22	2	9			
y	70	7	87	54	72	10	48	40	91	96	100	96	21	95	95			

附表 41B - n52 - k7 (100)

编号	0	1	2	3	4	5	6	7	8	9	10	11	12	13	14	15	16	17
需求	0	22	8	3	6	10	18	8	13	13	3	10	6	23	8	4	13	6
x	29	41	31	91	53	7	27	1	8	40	14	92	62	45	96	47	40	49
y	33	11	87	27	87	19	19	41	20	92	20	32	94	97	36	101	92	97

续表

编号	18	19	20	21	22	23	24	25	26	27	28	29	30	31	32	33	34	35
需求	5	10	22	13	13	18	14	14	26	23	4	25	9	8	16	3	1	17
x	48	45	46	92	49	62	96	28	47	9	92	12	48	94	43	8	43	8
y	12	101	16	34	95	92	28	22	95	21	30	22	12	28	99	42	99	42
编号	36	37	38	39	40	41	42	43	44	45	46	47	48	49	50	51		
需求	9	15	2	19	7	6	22	22	10	7	4	23	13	10	8	14		
x	30	16	36	98	36	28	42	2	16	56	45	17	34	47	62	8		
y	20	24	92	34	28	26	18	50	20	90	97	23	88	99	96	24		

附表 42B – n56 – k7（100）

编号	0	1	2	3	4	5	6	7	8	9	10	11	12	13	14	15	16	17
需求	0	10	15	7	25	16	8	15	23	8	2	14	7	15	14	7	14	11
x	87	93	75	89	89	21	81	79	30	5	31	84	10	90	24	80	96	28
y	45	41	95	55	19	9	31	25	18	5	21	98	8	58	16	26	42	18
编号	18	19	20	21	22	23	24	25	26	27	28	29	30	31	32	33	34	35
需求	7	6	1	22	26	5	18	18	4	10	3	2	12	6	15	12	5	7
x	37	39	78	98	8	10	82	82	94	94	30	84	76	76	98	90	76	100
y	23	27	104	26	12	12	30	38	24	44	16	28	96	102	58	64	96	44
编号	36	37	38	39	40	41	42	43	44	45	46	47	48	49	50	51	52	53
需求	12	24	6	12	5	18	3	7	15	23	20	5	24	6	19	5	10	3
x	94	84	6	90	26	84	86	31	24	84	33	90	94	92	8	24	94	82
y	56	26	12	24	12	30	28	27	16	30	19	28	50	60	12	16	42	32
编号	54	55																
需求	4	5																
x	76	80																
y	96	100																

附表 43B – n57 – k7（100）

编号	0	1	2	3	4	5	6	7	8	9	10	11	12	13	14	15	16	17
需求	0	2	1	3	9	13	21	6	22	10	23	2	15	10	23	8	5	14
x	11	37	77	35	1	21	63	97	3	5	36	64	6	24	86	68	28	10
y	83	61	81	21	93	39	7	95	7	3	22	10	8	40	82	14	46	8

续表

编号	18	19	20	21	22	23	24	25	26	27	28	29	30	31	32	33	34	35
需求	6	15	18	15	10	17	1	1	18	7	12	9	26	60	12	17	9	7
x	8	10	104	38	80	22	26	4	10	26	4	4	78	64	98	24	10	8
y	14	10	104	24	82	46	40	10	12	44	10	98	82	8	98	40	8	96
编号	36	37	38	39	40	41	42	43	44	45	46	47	48	49	50	51	52	53
需求	13	24	10	17	24	25	1	20	14	6	9	11	2	11	17	3	1	8
x	8	84	8	86	6	10	80	102	36	44	22	100	28	30	78	10	78	6
y	8	90	8	86	94	10	82	96	26	28	46	100	42	40	84	4	84	8
编号	54	55	56															
需求	12	9	13															
x	10	40	10															
y	94	66	16															

附表 44 B-n57-k9(100)

编号	0	1	2	3	4	5	6	7	8	9	10	11	12	13	14	15	16	17
需求	0	18	16	23	20	18	19	2	4	10	2	26	21	10	8	20	21	4
x	19	83	59	73	51	23	63	51	1	97	74	60	58	63	65	6	61	75
y	1	61	95	25	53	49	19	81	89	41	30	88	54	95	89	94	97	31
编号	18	19	20	21	22	23	24	25	26	27	28	29	30	31	32	33	34	35
需求	5	15	18	2	21	20	23	13	22	17	11	7	13	13	16	14	25	18
x	106	69	56	26	66	60	92	8	64	104	104	30	52	77	68	56	65	54
y	48	93	84	54	24	98	66	92	102	48	42	52	54	33	20	62	91	60
编号	36	37	38	39	40	41	42	43	44	45	46	47	48	49	50	51	52	53
需求	2	19	6	19	9	24	2	13	17	20	24	8	15	7	7	4	22	11
x	26	52	56	66	72	28	58	84	63	88	74	26	58	52	76	8	90	32
y	52	90	56	102	24	56	82	66	93	64	28	50	58	56	26	92	68	50
编号	54	55	56															
需求	10	25	24															
x	84	78	64															
y	66	34	24															

附表 45B－n63－k10（100）

编号	0	1	2	3	4	5	6	7	8	9	10	11	12	13	14	15	16	17
需求	0	18	11	18	17	21	6	12	6	21	14	2	5	12	23	23	19	18
x	73	97	19	23	18	60	9	71	10	27	46	26	8	63	16	30	26	20
y	89	22	31	95	89	94	26	7	80	64	32	0	8	101	10	69	103	0
编号	18	19	20	21	22	23	24	25	26	27	28	29	30	31	32	33	34	35
需求	8	21	7	19	18	7	6	12	21	6	21	20	18	6	20	20	23	4
x	99	16	79	18	27	34	19	12	11	101	69	69	15	26	65	14	21	10
y	32	33	13	30	41	4	0	33	28	0	98	102	81	90	100	29	40	29
编号	36	37	38	39	40	41	42	43	44	45	46	47	48	49	50	51	52	53
需求	21	4	6	9	21	5	20	11	16	48	2	15	15	22	25	23	5	24
x	81	53	31	21	24	15	28	19	30	81	12	30	66	17	102	16	17	32
y	10	37	9	36	98	14	36	0	102	15	86	65	99	89	29	31	33	8
编号	54	55	56	57	58	59	60	61	62									
需求	11	24	20	21	10	24	3	9	5									
x	11	61	16	29	15	14	63	29	19									
y	11	102	88	9	9	85	95	32	32									

附表 46B－n64－k9（100）

编号	0	1	2	3	4	5	6	7	8	9	10	11	12	13	14	15	16	17
需求	0	24	15	2	3	24	17	9	4	2	15	20	17	15	20	8	6	2
x	59	79	73	41	11	13	11	71	77	41	44	51	42	58	14	18	60	72
y	73	65	27	81	93	89	15	81	89	87	94	101	92	104	94	90	102	86
编号	18	19	20	21	22	23	24	25	26	27	28	29	30	31	32	33	34	35
需求	6	18	5	16	2	18	1	13	17	5	14	19	3	22	6	9	22	6
x	45	20	74	78	18	78	16	78	80	78	52	49	72	72	42	50	82	16
y	95	90	32	90	98	36	90	36	74	92	108	97	82	88	82	92	94	94
编号	36	37	38	39	40	41	42	43	44	45	46	47	48	49	50	51	52	53
需求	18	23	24	4	20	16	15	24	16	9	4	11	3	54	36	19	11	21
x	18	42	78	80	84	76	78	88	18	18	74	47	18	86	45	14	82	14
y	94	88	94	32	96	82	30	68	20	20	82	95	94	68	95	102	66	16

续表

编号	54	55	56	57	58	59	60	61	62	63								
需求	12	9	17	16	14	14	21	19	6	17								
x	76	18	58	76	18	14	18	46	82	76								
y	86	102	106	34	18	96	94	96	70	28								

附表 47B - n66 - k9（100）

编号	0	1	2	3	4	5	6	7	8	9	10	11	12	13	14	15	16	17
需求	0	5	20	7	2	19	19	9	15	22	14	15	18	4	6	4	10	16
x	41	53	87	42	22	34	84	81	11	62	90	84	69	89	45	28	89	58
y	88	83	28	11	1	36	33	63	29	27	30	69	33	72	16	6	35	88
编号	18	19	20	21	22	23	24	25	26	27	28	29	30	31	32	33	34	35
需求	14	1	23	19	16	22	15	4	21	16	22	6	2	11	5	2	12	6
x	62	88	57	54	92	63	70	91	93	39	86	43	89	85	0	18	93	90
y	87	67	90	0	71	86	34	35	30	44	36	13	41	70	72	39	76	65
编号	36	37	38	39	40	41	42	43	44	45	46	47	48	49	50	51	52	53
需求	17	15	11	4	22	13	21	13	20	6	15	22	11	18	8	22	16	7
x	88	91	87	45	0	54	35	91	95	85	94	88	91	66	86	92	56	58
y	0	36	66	14	33	89	46	73	35	71	31	37	35	34	38	77	93	91
编号	54	55	56	57	58	59	60	61	62	63	64	65						
需求	16	21	16	17	16	23	3	20	13	6	12	15						
x	60	61	90	85	0	94	28	89	90	94	95	16						
y	91	84	70	67	69	35	5	37	34	32	35	32						

附表 48B - n67 - k10（100）

编号	0	1	2	3	4	5	6	7	8	9	10	11	12	13	14	15	16	17
需求	0	12	12	10	2	23	15	16	26	12	12	26	10	22	4	16	8	23
x	58	5	34	93	23	71	20	20	7	72	27	14	72	72	19	76	30	30
y	90	66	98	17	67	91	39	86	99	78	90	72	101	96	73	95	92	87
编号	18	19	20	21	22	23	24	25	26	27	28	29	30	31	32	33	34	35
需求	2	24	12	24	4	19	21	7	15	14	18	7	20	18	2	21	21	3
x	40	7	7	79	82	12	21	77	37	28	72	22	98	42	16	41	23	8
y	104	73	76	86	105	104	93	85	101	91	95	92	18	107	101	100	41	70

续表

编号	36	37	38	39	40	41	42	43	44	45	46	47	48	49	50	51	52	53
需求	5	20	16	25	3	10	18	4	14	6	13	25	17	15	19	21	15	25
x	22	15	27	25	26	29	25	29	26	78	27	40	74	8	18	24	82	27
y	45	103	88	47	42	93	45	91	44	109	69	99	81	69	74	96	107	46
编号	54	55	56	57	58	59	60	61	62	63	64	65	66					
需求	7	4	16	24	16	10	15	14	14	2	1	9	3					
x	81	79	76	97	74	21	40	100	99	73	26	16	33					
y	95	95	95	19	98	94	0	23	24	85	40	103	94					

附表 49B－n68－k9（100）

编号	0	1	2	3	4	5	6	7	8	9	10	11	12	13	14	15	16	17
需求	0	10	3	7	18	2	2	23	8	9	22	12	20	21	9	6	11	18
x	87	63	5	71	59	45	29	51	7	25	1	72	28	52	46	66	28	16
y	39	45	71	13	63	95	13	79	67	85	7	14	86	86	100	46	90	70
编号	18	19	20	21	22	23	24	25	26	27	28	29	30	31	32	33	34	35
需求	23	10	11	3	10	23	8	16	26	19	9	18	5	23	1	2	21	19
x	2	79	14	32	6	73	2	73	12	66	2	38	30	68	32	64	26	62
y	14	21	72	88	72	15	12	21	76	72	16	16	88	54	14	46	88	68
编号	36	37	38	39	40	41	42	43	44	45	46	47	48	49	50	51	52	53
需求	5	14	10	2	16	17	5	16	6	11	14	17	8	48	12	9	6	10
x	34	8	77	73	75	8	36	56	26	28	52	60	26	8	76	6	14	78
y	16	68	15	15	15	68	20	82	88	86	84	70	86	72	16	76	72	14
编号	54	55	56	57	58	59	60	61	62	63	64	65	66	67				
需求	19	22	5	12	5	9	8	21	9	3	8	9	16	17				
x	34	74	64	10	6	28	60	6	46	77	68	58	58	36				
y	92	14	46	74	8	88	64	78	102	23	66	80	84	14				

附表 50B－n78－k10（100）

编号	0	1	2	3	4	5	6	7	8	9	10	11	12	13	14	15	16	17
需求	0	14	17	17	16	19	17	5	12	4	2	2	26	2	7	18	6	6
x	46	51	52	80	18	59	23	77	82	18	11	7	88	23	0	85	17	52
y	12	4	30	70	90	39	59	48	30	82	41	9	33	88	76	34	46	10

续表

编号	18	19	20	21	22	23	24	25	26	27	28	29	30	31	32	33	34	35
需求	18	2	14	5	9	4	3	15	4	23	7	21	4	1	6	16	4	20
x	13	19	86	54	83	15	53	14	13	57	20	65	61	87	79	25	89	26
y	45	85	77	6	32	10	5	42	10	32	85	46	42	52	51	91	34	100
编号	36	37	38	39	40	41	42	43	44	45	46	47	48	49	50	51	52	53
需求	5	14	14	26	5	2	14	11	21	20	18	2	19	12	22	14	23	25
x	0	63	55	23	8	0	20	56	14	88	96	59	22	59	24	83	53	0
y	88	43	10	86	18	74	44	7	10	40	38	31	87	36	83	37	5	37
编号	54	55	56	57	58	59	60	61	62	63	64	65	66	67	68	69	70	71
需求	8	3	9	21	3	22	6	2	22	20	5	13	6	14	16	12	23	5
x	84	27	61	69	54	20	18	25	31	58	0	61	18	57	0	56	62	83
y	78	93	12	43	9	98	50	84	69	36	11	36	49	8	49	8	45	32
编号	72	73	74	75	76	77												
需求	12	15	21	4	23	19												
x	53	82	21	64	80	16												
y	10	53	85	41	50	10												

附表 51 P－n16－k8（35）

编号	0	1	2	3	4	5	6	7	8	9	10	11	12	13	14	15
需求	0	19	30	16	23	11	31	15	28	8	8	7	14	6	19	11
x	30	37	49	52	31	52	42	52	57	62	42	27	43	58	58	37
y	40	52	49	64	62	33	41	41	58	42	57	68	67	48	27	69

附表 52 P－n19－k2（160）

编号	0	1	2	3	4	5	6	7	8	9	10	11	12	13	14	15	16	17
需求	0	19	30	16	23	11	31	15	28	14	8	7	14	19	11	26	17	6
x	30	37	49	52	31	52	42	52	57	62	42	27	43	58	37	61	62	63
y	40	52	43	64	62	33	41	41	58	42	57	68	67	27	69	33	63	69
编号	18																	
需求	15																	
x	45																	
y	35																	

附表 53 P-n20-k2 (160)

编号	0	1	2	3	4	5	6	7	8	9	10	11	12	13	14	15	16	17
需求	0	19	30	16	23	11	31	15	28	8	8	7	14	6	19	11	26	17
x	30	37	49	52	31	52	42	52	57	62	42	27	43	58	58	37	61	62
y	40	52	49	64	62	33	41	41	58	42	57	68	67	48	27	69	33	63

编号	18	19
需求	6	15
x	63	45
y	69	35

附表 54 P-n21-k2 (160)

编号	0	1	2	3	4	5	6	7	8	9	10	11	12	13	14	15	16	17
需求	0	7	30	16	23	11	19	15	28	8	8	7	14	6	19	11	12	26
x	30	37	49	52	31	52	42	52	57	62	42	27	43	58	58	37	38	61
y	40	52	49	64	62	33	41	41	58	42	57	68	67	48	27	69	46	33

编号	18	19	20
需求	17	6	15
x	62	63	45
y	63	69	35

附表 55 P-n22-k2 (160)

编号	0	1	2	3	4	5	6	7	8	9	10	11	12	13	14	15	16	17
需求	0	7	30	16	23	11	19	15	28	8	8	7	14	6	19	11	12	26
x	30	37	49	52	31	52	42	52	57	62	42	27	43	58	58	37	38	61
y	40	52	49	64	62	33	41	41	58	42	57	68	67	48	27	69	46	33

编号	18	19	20	21
需求	17	6	15	10
x	62	63	45	56
y	63	69	35	37

附表56 P-n23-k8（40）

编号	0	1	2	3	4	5	6	7	8	9	10	11	12	13	14	15	16	17
需求	0	7	30	16	23	11	19	15	28	8	8	7	14	6	19	11	12	26
x	30	37	49	52	31	52	42	52	57	62	42	27	43	58	58	37	38	61
y	40	52	49	64	62	33	41	41	58	42	57	68	67	48	27	69	46	33
编号	18	19	20	21	22													
需求	17	6	15	5	10													
x	62	63	45	32	56													
y	63	69	35	39	37													

附表57 P-n40-k5（140）

编号	0	1	2	3	4	5	6	7	8	9	10	11	12	13	14	15	16	17
需求	0	7	30	16	9	21	15	19	23	11	5	19	29	23	21	10	15	3
x	30	37	49	52	20	40	21	17	31	52	51	42	31	5	12	36	52	27
y	40	52	49	64	26	30	47	63	62	33	21	41	32	25	42	16	41	23
编号	18	19	20	21	22	23	24	25	26	27	28	29	30	31	32	33	34	35
需求	41	9	28	8	8	16	10	28	7	15	14	6	19	11	12	23	26	17
x	17	13	57	62	42	16	8	7	27	30	43	58	58	37	38	46	61	62
y	33	13	58	42	57	57	52	38	68	48	67	48	27	69	46	10	33	63
编号	36	37	38	39														
需求	6	9	15	14														
x	63	32	45	59														
y	69	22	35	15														

附表58 P-n45-k5（150）

编号	0	1	2	3	4	5	6	7	8	9	10	11	12	13	14	15	16	17
需求	0	7	30	16	9	21	15	19	23	11	5	19	29	23	21	10	15	3
x	30	37	49	52	20	40	21	17	31	52	51	42	31	5	12	36	52	27
y	40	52	49	64	26	30	47	63	62	33	21	41	32	25	42	16	41	23
编号	18	19	20	21	22	23	24	25	26	27	28	29	30	31	32	33	34	35
需求	41	9	28	8	8	16	10	28	7	15	14	6	19	11	12	23	26	17
x	17	13	57	62	42	16	8	7	27	30	43	58	58	37	38	46	61	62
y	33	13	58	42	57	57	52	38	68	48	67	48	27	69	46	10	33	63

续表

编号	36	37	38	39	40	41	42	43	44								
需求	6	9	15	14	7	27	13	11	16								
x	63	32	45	59	5	10	21	5	30								
y	69	22	35	15	6	17	10	64	15								

附表59 P−n50−k7（150）

编号	0	1	2	3	4	5	6	7	8	9	10	11	12	13	14	15	16	17
需求	0	18	26	11	30	21	19	15	16	29	26	37	16	12	31	8	19	20
x	40	22	36	21	45	55	33	50	55	26	40	55	35	62	62	62	21	33
y	40	22	26	45	35	20	34	50	45	59	66	65	51	35	57	24	36	44
编号	18	19	20	21	22	23	24	25	26	27	28	29	30	31	32	33	34	35
需求	13	15	22	28	12	6	27	14	18	17	29	13	22	25	28	27	19	10
x	9	62	66	44	26	11	7	17	41	55	35	52	43	31	22	26	50	55
y	56	48	14	13	13	28	43	64	46	34	16	26	26	76	53	29	40	50
编号	36	37	38	39	40	41	42	43	44	45	46	47	48	49				
需求	12	14	24	16	33	15	11	18	17	21	27	19	20	5				
x	54	60	47	30	30	12	15	16	21	50	51	50	48	12				
y	10	15	66	60	50	17	14	19	48	30	42	15	21	38				

附表60 P−n50−k8（120）

编号	0	1	2	3	4	5	6	7	8	9	10	11	12	13	14	15	16	17
需求	0	18	26	11	30	21	19	15	16	29	26	37	16	12	31	8	19	20
x	40	22	36	21	45	55	33	50	55	26	40	55	35	62	62	62	21	33
y	40	22	26	45	35	20	34	50	45	59	66	65	51	35	57	24	36	44
编号	18	19	20	21	22	23	24	25	26	27	28	29	30	31	32	33	34	35
需求	13	15	22	28	12	6	27	14	18	17	29	13	22	25	28	27	19	10
x	9	62	66	44	26	11	7	17	41	55	35	52	43	31	22	26	50	55
y	56	48	14	13	13	28	43	64	46	34	16	26	26	76	53	29	40	50
编号	36	37	38	39	40	41	42	43	44	45	46	47	48	49				
需求	12	14	24	16	33	15	11	18	17	21	27	19	20	5				
x	54	60	47	30	30	12	15	16	21	50	51	50	48	12				
y	10	15	66	60	50	17	14	19	48	30	42	15	21	38				

附表61 P-n50-k10（100）

编号	0	1	2	3	4	5	6	7	8	9	10	11	12	13	14	15	16	17
需求	0	18	26	11	30	21	19	15	16	29	26	37	16	12	31	8	19	20
x	40	22	36	21	45	55	33	50	55	26	40	55	35	62	62	62	21	33
y	40	22	26	45	35	20	34	50	45	59	66	65	51	35	57	24	36	44
编号	18	19	20	21	22	23	24	25	26	27	28	29	30	31	32	33	34	35
需求	13	15	22	28	12	6	27	14	18	17	29	13	22	25	28	27	19	10
x	9	62	66	44	26	11	7	17	41	55	35	52	43	31	22	26	50	55
y	56	48	14	13	13	28	43	64	46	34	16	26	26	76	53	29	40	50
编号	36	37	38	39	40	41	42	43	44	45	46	47	48	49				
需求	12	14	24	16	33	15	11	18	17	21	27	19	20	5				
x	54	60	47	30	30	12	15	16	21	50	51	50	48	12				
y	10	15	66	60	50	17	14	19	48	30	42	15	21	38				

附表62 P-n51-k10（80）

编号	0	1	2	3	4	5	6	7	8	9	10	11	12	13	14	15	16	17
需求	0	7	30	16	9	21	15	19	23	11	5	19	29	23	21	10	15	3
x	30	37	49	52	20	40	21	17	31	52	51	42	31	5	12	36	52	27
y	40	52	49	64	26	30	47	63	62	33	21	41	32	25	42	16	41	23
编号	18	19	20	21	22	23	24	25	26	27	28	29	30	31	32	33	34	35
需求	41	9	28	8	8	16	10	28	7	15	14	6	19	11	12	23	26	17
x	17	13	57	62	42	16	8	7	27	30	43	58	58	37	38	46	61	62
y	33	13	58	42	57	57	52	38	68	48	67	48	27	69	46	10	33	63
编号	36	37	38	39	40	41	42	43	44	45	46	47	48	49	50			
需求	6	9	15	14	7	27	13	11	16	10	5	25	17	18	10			
x	63	32	45	59	5	10	21	5	30	39	32	25	25	48	56			
y	69	22	35	15	6	17	10	64	15	10	39	32	55	28	37			

附表63 P-n55-k7（170）

编号	0	1	2	3	4	5	6	7	8	9	10	11	12	13	14	15	16	17
需求	0	18	26	11	30	21	19	15	16	29	26	37	16	12	31	8	19	20
x	40	22	36	21	45	55	33	50	55	26	40	55	35	62	62	62	21	33
y	40	22	26	45	35	20	34	50	45	59	66	65	51	35	57	24	36	44

续表

编号	18	19	20	21	22	23	24	25	26	27	28	29	30	31	32	33	34	35
需求	13	15	22	28	12	6	27	14	18	17	29	13	22	25	28	27	19	10
x	9	62	66	44	26	11	7	17	41	55	35	52	43	31	22	26	50	55
y	56	48	14	13	13	28	43	64	46	34	16	26	26	76	53	29	40	50
编号	36	37	38	39	40	41	42	43	44	45	46	47	48	49	50	51	52	53
需求	12	14	24	16	33	15	11	18	17	21	27	19	20	5	22	12	19	22
x	54	60	47	30	30	12	15	16	21	50	51	50	48	12	15	29	54	55
y	10	15	66	60	50	17	14	19	48	30	42	15	21	38	56	39	38	57
编号	54																	
需求	16																	
x	67																	
y	41																	

附表 64 P－n55－k8（160）

编号	0	1	2	3	4	5	6	7	8	9	10	11	12	13	14	15	16	17
需求	0	18	26	11	30	21	19	15	16	29	26	37	16	12	31	8	19	20
x	40	22	36	21	45	55	33	50	55	26	40	55	35	62	62	62	21	33
y	40	22	26	45	35	20	34	50	45	59	66	65	51	35	57	24	36	44
编号	18	19	20	21	22	23	24	25	26	27	28	29	30	31	32	33	34	35
需求	13	15	22	28	12	6	27	14	18	17	29	13	22	25	28	27	19	10
x	9	62	66	44	26	11	7	17	41	55	35	52	43	31	22	26	50	55
y	56	48	14	13	13	28	43	64	46	34	16	26	26	76	53	29	40	50
编号	36	37	38	39	40	41	42	43	44	45	46	47	48	49	50	51	52	53
需求	12	14	24	16	33	15	11	18	17	21	27	19	20	5	22	12	19	22
x	54	60	47	30	30	12	15	16	21	50	51	50	48	12	15	29	54	55
y	10	15	66	60	50	17	14	19	48	30	42	15	21	38	56	39	38	57
编号	54																	
需求	16																	
x	67																	
y	41																	

附表65 P-n55-k10 (115)

编号	0	1	2	3	4	5	6	7	8	9	10	11	12	13	14	15	16	17
需求	0	18	26	11	30	21	19	15	16	29	26	37	16	12	31	8	19	20
x	40	22	36	21	45	55	33	50	55	26	40	55	35	62	62	62	21	33
y	40	22	26	45	35	20	34	50	45	59	66	65	51	35	57	24	36	44
编号	18	19	20	21	22	23	24	25	26	27	28	29	30	31	32	33	34	35
需求	13	15	22	28	12	6	27	14	18	17	29	13	22	25	28	27	19	10
x	9	62	66	44	26	11	7	17	41	55	35	52	43	31	22	26	50	55
y	56	48	14	13	13	28	43	64	46	34	16	26	26	76	53	29	40	50
编号	36	37	38	39	40	41	42	43	44	45	46	47	48	49	50	51	52	53
需求	12	14	24	16	33	15	11	18	17	21	27	19	20	5	22	12	19	22
x	54	60	47	30	30	12	15	16	21	50	51	50	48	12	15	29	54	55
y	10	15	66	60	50	17	14	19	48	30	42	15	21	38	56	39	38	57
编号	54																	
需求	16																	
x	67																	
y	41																	

附表66 P-n60-k10 (120)

编号	0	1	2	3	4	5	6	7	8	9	10	11	12	13	14	15	16	17
需求	0	18	26	11	30	21	19	15	16	29	26	37	16	12	31	8	19	20
x	40	22	36	21	45	55	33	50	55	26	40	55	35	62	62	62	21	33
y	40	22	26	45	35	20	34	50	45	59	66	65	51	35	57	24	36	44
编号	18	19	20	21	22	23	24	25	26	27	28	29	30	31	32	33	34	35
需求	13	15	22	28	12	6	27	14	18	17	29	13	22	25	28	27	19	10
x	9	62	66	44	26	11	7	17	41	55	35	52	43	31	22	26	50	55
y	56	48	14	13	13	28	43	64	46	34	16	26	26	76	53	29	40	50
编号	36	37	38	39	40	41	42	43	44	45	46	47	48	49	50	51	52	53
需求	12	14	24	16	33	15	11	18	17	21	27	19	20	5	22	12	19	22
x	54	60	47	30	30	12	15	16	21	50	51	50	48	12	15	29	54	55
y	10	15	66	60	50	17	14	19	48	30	42	15	21	38	56	39	38	57

续表

编号	54	55	56	57	58	59
需求	16	7	26	14	21	24
x	67	10	6	65	40	50
y	41	70	25	27	60	4

附表67 P-n60-k15（80）

编号	0	1	2	3	4	5	6	7	8	9	10	11	12	13	14	15	16	17
需求	0	18	26	11	30	21	19	15	16	29	26	37	16	12	31	8	19	20
x	40	22	36	21	45	55	33	50	55	26	40	55	35	62	62	62	21	33
y	40	22	26	45	35	20	34	50	45	59	66	65	51	35	57	24	36	44
编号	18	19	20	21	22	23	24	25	26	27	28	29	30	31	32	33	34	35
需求	13	15	22	28	12	6	27	14	18	17	29	13	22	25	28	27	19	10
x	9	62	66	44	26	11	7	17	41	55	35	52	43	31	22	26	50	55
y	56	48	14	13	13	28	43	64	46	34	16	26	26	76	53	29	40	50
编号	36	37	38	39	40	41	42	43	44	45	46	47	48	49	50	51	52	53
需求	12	14	24	16	33	15	11	18	17	21	27	19	20	5	22	12	19	22
x	54	60	47	30	30	12	15	16	21	50	51	50	48	12	15	29	54	55
y	10	15	66	60	50	17	14	19	48	30	42	15	21	38	56	39	38	57
编号	54	55	56	57	58	59												
需求	16	7	26	14	21	24												
x	67	10	6	65	40	70												
y	41	70	25	27	60	64												

附表68 P-n65-k10（130）

编号	0	1	2	3	4	5	6	7	8	9	10	11	12	13	14	15	16	17
需求	0	18	26	11	30	21	19	15	16	29	26	37	16	12	31	8	19	20
x	40	22	36	21	45	55	33	50	55	26	40	55	35	62	62	62	21	33
y	40	22	26	45	35	20	34	50	45	59	66	65	51	35	57	24	36	44
编号	18	19	20	21	22	23	24	25	26	27	28	29	30	31	32	33	34	35
需求	13	15	22	28	12	6	27	14	18	17	29	13	22	25	28	27	19	10
x	9	62	66	44	26	11	7	17	41	55	35	52	43	31	22	26	50	55
y	56	48	14	13	13	28	43	64	46	34	16	26	26	76	53	29	40	50

续表

编号	36	37	38	39	40	41	42	43	44	45	46	47	48	49	50	51	52	53
需求	12	14	24	16	33	15	11	18	17	21	27	19	20	5	22	12	19	22
x	54	60	47	30	30	12	15	16	21	50	51	50	48	12	15	29	54	55
y	10	15	66	60	50	17	14	19	48	30	42	15	21	38	56	39	38	57
编号	54	55	56	57	58	59	60	61	62	63	64							
需求	16	7	26	14	21	24	13	15	18	11	28							
x	67	10	6	65	40	70	64	36	30	20	15							
y	41	70	25	27	60	64	4	6	20	30	5							

附表69 P-n70-k10(135)

编号	0	1	2	3	4	5	6	7	8	9	10	11	12	13	14	15	16	17
需求	0	18	26	11	30	21	19	15	16	29	26	37	16	12	31	8	19	20
x	40	22	36	21	45	55	33	50	55	26	40	55	35	62	62	62	21	33
y	40	22	26	45	35	20	34	50	45	59	66	65	51	35	57	24	36	44
编号	18	19	20	21	22	23	24	25	26	27	28	29	30	31	32	33	34	35
需求	13	15	22	28	12	6	27	14	18	17	29	13	22	25	28	27	19	10
x	9	62	66	44	26	11	7	17	41	55	35	52	43	31	22	26	50	55
y	56	48	14	13	13	28	43	64	46	34	16	26	26	76	53	29	40	50
编号	36	37	38	39	40	41	42	43	44	45	46	47	48	49	50	51	52	53
需求	12	14	24	16	33	15	11	18	17	21	27	19	20	5	22	12	19	22
x	54	60	47	30	30	12	15	16	21	50	51	50	48	12	15	29	54	55
y	10	15	66	60	50	17	14	19	48	30	42	15	21	38	56	39	38	57
编号	54	55	56	57	58	59	60	61	62	63	64	65	66	67	68	69		
需求	16	7	26	14	21	24	13	15	18	11	28	9	37	30	10	8		
x	67	10	6	65	40	70	64	36	30	20	15	50	57	45	38	50		
y	41	70	25	27	60	64	4	6	20	30	5	70	72	42	33	4		

附表70 P-n76-k4(350)

编号	0	1	2	3	4	5	6	7	8	9	10	11	12	13	14	15	16	17
需求	0	18	26	11	30	21	19	15	16	29	26	37	16	12	31	8	19	20
x	40	22	36	21	45	55	33	50	55	26	40	55	35	62	62	62	21	33
y	40	22	26	45	35	20	34	50	45	59	66	65	51	35	57	24	36	44

续表

编号	18	19	20	21	22	23	24	25	26	27	28	29	30	31	32	33	34	35
需求	13	15	22	28	12	6	27	14	18	17	29	13	22	25	28	27	19	10
x	9	62	66	44	26	11	7	17	41	55	35	52	43	31	22	26	50	55
y	56	48	14	13	13	28	43	64	46	34	16	26	26	76	53	29	40	50
编号	36	37	38	39	40	41	42	43	44	45	46	47	48	49	50	51	52	53
需求	12	14	24	16	33	15	11	18	17	21	27	19	20	5	22	12	19	22
x	54	60	47	30	30	12	15	16	21	50	51	50	48	12	15	29	54	55
y	10	15	66	60	50	17	14	19	48	30	42	15	21	38	56	39	38	57
编号	54	55	56	57	58	59	60	61	62	63	64	65	66	67	68	69	70	71
需求	16	7	26	14	21	24	13	15	18	11	28	9	37	30	10	8	11	3
x	67	10	6	65	40	70	64	36	30	20	15	50	57	45	38	50	66	59
y	41	70	25	27	60	64	4	6	20	30	5	70	72	42	33	4	8	5
编号	72	73	74	75														
需求	1	6	10	20														
x	35	27	40	40														
y	60	24	20	37														

附表 71 P-n76-k5(280)

编号	0	1	2	3	4	5	6	7	8	9	10	11	12	13	14	15	16	17
需求	0	18	26	11	30	21	19	15	16	29	26	37	16	12	31	8	19	20
x	40	22	36	21	45	55	33	50	55	26	40	55	35	62	62	62	21	33
y	40	22	26	45	35	20	34	50	45	59	66	65	51	35	57	24	36	44
编号	18	19	20	21	22	23	24	25	26	27	28	29	30	31	32	33	34	35
需求	13	15	22	28	12	6	27	14	18	17	29	13	22	25	28	27	19	10
x	9	62	66	44	26	11	7	17	41	55	35	52	43	31	22	26	50	55
y	56	48	14	13	13	28	43	64	46	34	16	26	26	76	53	29	40	50
编号	36	37	38	39	40	41	42	43	44	45	46	47	48	49	50	51	52	53
需求	36	37	38	39	40	41	42	43	44	45	46	47	48	49	50	51	52	53
x	54	60	47	30	30	12	15	16	21	50	51	50	48	12	15	29	54	55
y	10	15	66	60	50	17	14	19	48	30	42	15	21	38	56	39	38	57

续表

编号	54	55	56	57	58	59	60	61	62	63	64	65	66	67	68	69	70	71
需求	16	7	26	14	21	24	13	15	18	11	28	9	37	30	10	8	11	3
x	67	10	6	65	40	70	64	36	30	20	15	50	57	45	38	50	66	59
y	41	70	25	27	60	64	4	6	20	30	5	70	72	42	33	4	8	5
编号	72	73	74	75														
需求	1	6	10	20														
x	35	27	40	40														
y	60	24	20	37														

附表 72P－n101－k4（400）

编号	0	1	2	3	4	5	6	7	8	9	10	11	12	13	14	15	16	17
需求	0	10	7	13	19	26	3	5	9	16	16	12	19	23	20	8	19	2
x	35	41	35	55	55	15	25	20	10	55	30	20	50	30	15	30	10	5
y	35	49	17	45	20	30	30	50	43	60	60	65	35	25	10	5	20	30
编号	18	19	20	21	22	23	24	25	26	27	28	29	30	31	32	33	34	35
需求	12	17	9	11	18	29	3	6	17	16	16	9	21	27	23	11	14	8
x	20	15	45	45	45	55	65	65	45	35	41	64	40	31	35	53	65	63
y	40	60	65	20	10	5	35	20	30	40	37	42	60	52	69	52	55	65
编号	36	37	38	39	40	41	42	43	44	45	46	47	48	49	50	51	52	53
需求	5	8	16	31	9	5	5	7	18	16	1	27	36	30	13	10	9	14
x	2	20	5	60	40	42	24	23	11	6	2	8	13	6	47	49	27	37
y	60	20	5	12	25	7	12	3	14	38	48	56	52	68	47	58	43	31
编号	54	55	56	57	58	59	60	61	62	63	64	65	66	67	68	69	70	71
需求	18	2	6	7	18	28	3	13	19	10	9	20	25	25	36	6	5	15
x	57	63	53	32	36	21	17	12	24	27	15	62	49	67	56	37	37	57
y	29	23	12	12	26	24	34	24	58	69	77	77	73	5	39	47	56	68
编号	72	73	74	75	76	77	78	79	80	81	82	83	84	85	86	87	88	89
需求	25	9	8	18	13	14	3	23	6	26	16	11	7	41	35	26	9	15
x	47	44	46	49	49	53	61	57	56	55	15	14	11	16	4	28	26	26
y	16	17	13	11	42	43	52	48	37	54	47	37	31	22	18	18	52	35

续表

编号	90	91	92	93	94	95	96	97	98	99					
需求	3	1	2	22	27	20	11	12	10	9					
x	31	67	31	67	31	67	31	67	31	67					
y	15	19	15	19	15	19	15	19	15	19					

图书在版编目(CIP)数据

供应链协同优化管理/刘玲,刘森著.--北京:社会科学文献出版社,2019.5
(云南财经大学前沿研究丛书)
ISBN 978-7-5201-4657-9

Ⅰ.①供… Ⅱ.①刘… ②刘… Ⅲ.①企业管理-供应链管理-研究 Ⅳ.①F274

中国版本图书馆 CIP 数据核字(2019)第 062044 号

·云南财经大学前沿研究丛书·

供应链协同优化管理

著　者 / 刘　玲　刘　森

出 版 人 / 谢寿光
责任编辑 / 恽　薇　刘琳琳
文稿编辑 / 刘琳琳

出　　版 / 社会科学文献出版社·经济与管理分社（010）59367226
　　　　　 地址：北京市北三环中路甲29号院华龙大厦　邮编：100029
　　　　　 网址：www.ssap.com.cn
发　　行 / 市场营销中心（010）59367081　59367083
印　　装 / 三河市龙林印务有限公司

规　　格 / 开　本：787mm×1092mm　1/16
　　　　　 印　张：15.25　字　数：175千字
版　　次 / 2019年5月第1版　2019年5月第1次印刷
书　　号 / ISBN 978-7-5201-4657-9
定　　价 / 89.00元

本书如有印装质量问题，请与读者服务中心（010-59367028）联系

▲ 版权所有 翻印必究